MÉTHODE

D'UN GENRE NOUVEAU

POUR L'ENSEIGNEMENT

DE L'HISTOIRE.

SE TROUVE A BORDEAUX :

Chez HOUDEYER, libraire, successeur de Granet, allées de Tourny, 2;
CHAUMAS-GAYET, libraire, fossés du Chapeau-Rouge, 34;
MAD. VEUVE TEYCHENEY, libraire, fossés de l'Intendance, 56;
MAD. MATHILDE VARNIER, libraire, allées de Tourny, 11;
MAD. RECLUS, libraire, rue Notre-Dame, 50.

A CONDOM,

Chez DUPOUY jeune, libraire, place d'Armes.

A TOULOUSE,

Chez PRADEL, libraire, rue des Balances.

Tout exemplaire non revêtu de ma signature sera une contrefaçon. Je poursuivrai, selon la rigueur des lois, les contrefacteurs ou vendeurs de contrefaçons.

MÉTHODE

D'UN GENRE NOUVEAU

POUR L'ENSEIGNEMENT ET L'ÉTUDE

DE L'HISTOIRE

Ancienne, du Moyen-Age et Moderne

EN GÉNÉRAL,

DE L'HISTOIRE SACRÉE

ET DE L'HISTOIRE DE FRANCE

EN PARTICULIER;

Appropriée aux diverses classes d'après le programme de l'Université.

MÉTHODE BASÉE

Sur le grand principe des connaissances humaines,

AVEC APPLICATION A LA GÉOGRAPHIE, A L'HISTOIRE NATURELLE ET A TOUTES SORTES DE NOMENCLATURES.

Par Th. Cutxand, professeur.

Troisième édition.

BORDEAUX,

IMPRIMERIE DE BALARAC JEUNE,

8, rue des Trois-Conils.

AVANT-PROPOS.

On se plaint généralement des difficultés que l'on éprouve à retenir l'histoire. A peine, après plusieurs lectures, garde-t-on le souvenir de quelques faits épars..., et à peine ce souvenir se conserve-t-il quelques jours. La chronologie offre des difficultés désespérantes : on confond les dates ou on les méconnaît; les événemens, au lieu de paraître se succéder selon l'ordre chronologique, et selon leurs rapports de causalité, se présentent le plus souvent isolés, comme étrangers aux relations de temps et de dépendance.

Ce peu de succès que l'on obtient en général des études historiques ne provient point, comme on pourrait le penser, d'une insuffisance de mémoire, ni de la trop grande variété renfermée dans l'histoire, mais de la manière dont on l'étudie. Si l'on possédait une bonne méthode, on ferait des études plus heureuses. Mais peut-on se flatter de posséder ce moyen? Est-il mis en usage quelque part ? Nullement : on en sent partout la nécessité. Qu'on le produise, on verra bientôt les connaissances historiques s'étendre, s'éclaircir, se coordonner et prendre de la fixité.

Des procédés ingénieux désignés sous le nom de *mnémotechnie*, ont été conçus et appliqués à l'étude de l'histoire; des cartes chronologiques ont été tracées. Tous ces moyens offrent certains avantages ; mais ils ne font pas la méthode dont la possibilité est pressentie. Le principal mérite de ces premiers consiste à rappeler le souvenir d'un chiffre aride et d'un nom propre : c'est déjà un grand succès. Pour les seconds , ils sont le premier pas fait dans la voie que j'ai suivie pour l'invention de ma méthode. Je ne parlerai point de son mérite ; il doit ressortir de l'épreuve à laquelle on invite le lecteur à la soumettre. De la bonne foi et une pratique exacte, c'est tout ce que l'on réclame.

RÉFLEXIONS DE L'AUTEUR

QUI L'ONT CONDUIT

A LA THÉORIE DE SA MÉTHODE.

S'il ne fallait que lire l'histoire pour la connaître, elle serait connue de quiconque sait lire : car les livres ne manquent pas ; mais ce sont les moyens de la graver dans la mémoire qui sont à trouver. Pénétré de cette vérité , j'ai cherché à découvrir ces moyens.

Dans cette entreprise , je me suis fait d'abord cette question : Serait-il impossible de faciliter le souvenir des faits historiques? Et pourquoi ? Ne simplifie-t-on pas , n'invente-t-on pas tous les jours ? Dès-lors , espérant découvrir l'objet de ma recherche , je me suis fait cette autre question : Quelles sont les choses que l'on apprend le plus facilement , et dont le souvenir est le plus durable ? La réponse s'est présentée tout naturellement : ce sont les lieux que nous habitons et les personnes parmi lesquelles nous vivons. Cette idée , avec toute son évidence , me parut néanmoins susceptible de beaucoup d'observations , en même temps qu'elle me sembla pouvoir être un grand principe.

Alors , la prenant pour objet de réflexions sérieuses , je cherchai à l'analyser , persuadé que si je pouvais la prendre pour base d'une méthode , j'aurais fait une belle découverte.

Je rappelle l'idée :

Le souvenir des lieux que nous avons habités et des personnes que nous avons fréquentées est un souvenir facile et durable.

Pour prouver cette proposition , il n'est pas nécessaire d'entrer dans l'examen des facultés de l'intelligence humaine ; les faits parlent assez haut et la rendent assez évidente. Considérons seulement les objets que l'on se rappelle. Je m'aperçois que ce sont des termes concrets : ce sont des lieux , des corps , des formes , des dispositions ordinales , des rapports physiques, etc. Là est une maison de telle configuration; là une prairie, un arbre, un ruisseau, un coteau, etc. Je vois la disposition de tous ces objets , les uns par rapport aux autres : c'est le tableau fidèle du lieu qui reste en ma mémoire. De plus , je remarque que ces idées se réveillent mutuellement.

L'idée des personnes que nous avons connues d'une manière particulière, également simple en elle-même, ne soulève pas moins de souvenirs. Cette idée rappelle bien vite les manières d'être , les lieux d'habitation , les parens, les amis, etc. Quel est celui qui ne saurait dire d'une personne qu'il aurait fréquentée , qu'elle était de telle forme de corps , ayant telles manières d'être, habitant tel lieu, ayant tels parens , tels amis; qu'elle fut son compagnon dans ce voyage , son associé dans cette entreprise, dans cet amusement, etc., et enfin une infinité de circonstances qui peuvent se rattacher à sa personne. Voilà des souvenirs constans, faciles à rappeler à tous les instans, et liés entre eux; car il ne s'en présente pas un à la pensée qui ne soit escorté de plusieurs autres. D'où viennent donc ces résultats? Quel en est le principe? Si nous le découvrions, nous pourrions peut-être l'appliquer aux études de la science humaine. La première cause que j'aperçois, c'est l'impression forte et bien tranchée que les objets matériels causent en nous, et il est vrai de dire que les corps affectent nos sens le plus vivement.

Mais j'aperçois encore un autre fait, une autre vérité: c'est que le lieu me rappelle l'objet qui l'occupe, et réciproquement l'objet me représente le lieu qui le recèle ; ou, en d'autres termes, le lieu d'habitation me réveille l'idée des habitans, et réciproquement. Mais pourquoi ces deux idées se suscitent-elles mutuellement ? C'est l'effet du rapport de contiguïté. Ce rapport est-il bien facile à établir ? Très-facile. Je parcours les faits, et je trouve que ce rapport est des plus simples, des plus saisissables, à la portée de toutes les intelligences. Savoir que telle chose est à tel endroit, que tel endroit recèle telle chose, voilà le rapport établi. Je le demande : que de rapports de ce genre ne savons-nous pas ? Nous en apprenons depuis notre enfance, et on oublie peu ceux que l'on a appris. Si je porte ma pensée sur les lieux que j'ai habités, que de choses ne vois-je pas à leur place? J'en trouve à l'infini dans les campagnes, et autant dans les villes, dans l'intérieur des maisons, en chaque lieu. On pratique constamment et universellement cette théorie. L'artiste, l'industriel, l'homme de lettres la suivent sans s'en douter. L'ébéniste connaît la place de tous ses instrumens et les y retrouve à volonté. L'homme de lettres, au milieu d'une vaste bibliothèque, connaît bientôt la place de chaque volume. L'épicier, le marchand de toute espèce n'est pas en peine de retrouver le plus petit objet au milieu de mille, dans les labyrinthes de son vaste magasin. Le pharmacien saurait retrouver ses flacons, le bandeau sur les yeux, et le typographe trouve avec dextérité ses divers caractères dans leurs casses.

C'est donc un fait incontestable que le rapport entre le lieu et l'objet qui l'occupe est très-facile à saisir, et que ce rapport est la source de nos premières et de nos plus nombreuses connaissances. Voilà un grand principe trouvé. Je cherche à l'appliquer à l'étude des faits historiques, et je fais cette supposition : Si les lieux que j'ai habités, les objets que j'ai considérés, parcourus, comparés ; si ces personnes que j'ai connues dans tout ce qui les regarde étaient les faits historiques proprement dits, et que ces faits historiques fussent placés dans des lieux bien distincts les uns des autres, et rangés selon un ordre successif, en imitation de la succession des siècles, il me serait alors bien facile de me rappeler ces faits, et pour cela je n'aurais qu'à me rappeler l'idée des lieux pour avoir l'idée des faits, ou bien l'idée des faits pour avoir l'idée des lieux, et conséquemment la chronologie, puisque les lieux, les places la feraient connaître.

Mais comment opérer cette transformation des faits historiques en objets matériels? Comment donner une forme sensible aux sentimens et aux idées, si ce n'est en ayant recours au genre dramatique, qui met en scène les personnages et les actions ?

En effet, on opérerait alors en quelque sorte cette transformation, et c'est ce que j'ai fait dans l'application de ma méthode à un grand nombre d'élèves. L'histoire s'y étudie selon un certain mode dramatique. Mais ce n'est pas ce que je cherche à présent : je cherche à matérialiser réellement les faits historiques. Comment y parvenir ?

De l'impossibilité d'opérer cette transformation, je passai à l'idée de ménager entre les objets matériels et les faits historiques une transition facile, de manière que ces objets seraient pris pour point de départ. De cette sorte, je ne m'écartais pas beaucoup de mon premier essai. Mais comment établir cette transition ? Quel rapport entre ces corps et les faits historiques? Mais bientôt je me demandai : Quel rapport entre les corps et le lieu, le terrain qu'ils occupent ? Et cependant l'idée de l'un réveille l'idée de l'autre ; l'image du lieu se présente instantanément à côté de l'image du corps; il n'y a d'autre rapport qu'un rapport de contiguïté. Et dès-lors je me dis : Si ce rapport de contiguïté avait également lieu entre un corps et les signes des corps, entre un corps et les mots, s'il existait aussi saisissable, nous aurions fait une belle découverte pour l'étude de l'histoire, puisqu'elle s'apprend par le moyen de signes, de mots. Cherchons donc si les mots s'allient aux corps.

A peine ai-je prononcé cette proposition, que je suis frappé de son évidence.

Les mots s'allient parfaitement aux corps; c'est l'objet de toutes les langues, c'est la cause qu'il existe une science humaine. Car, si l'on rompait ce rapport entre les choses et les mots, il n'y aurait plus de science possible. On attache des mots aux corps, à leur manière d'être, à leur rapport, et enfin à toutes leurs combinaisons; et ces mots ne s'attachent point à ces objets par leur propre nature, mais par convention.

Les mots réveillent l'idée des objets, et l'idée des objets rappelle les mots.

Voilà le rapport établi entre ce qui est matériel et les mots. La géographie, la physique, la chimie, l'histoire naturelle, et certaines branches des mathématiques, comme l'architecture, la géométrie pratique, et enfin presque toutes les connaissances humaines s'exerçant sur ce qui est matériel, ne nous sont apprises que par le moyen de ce rapport entre les choses et les mots qui les expriment. C'est donc un fait bien reconnu que ce rapport est très-saisissable, bien important, puisqu'il fait toute la science de l'homme. Mais pour bien le saisir, il faut travailler sur les corps eux-mêmes, ou bien sur leur fidèle représentation. En effet, on apprendrait très-mal la géographie, si on ne considérait point des lieux ou des cartes qui les représentent; on apprendrait très-mal la physique, la chimie, si on ne n'exerçait sur les corps eux-mêmes.

Mais l'histoire, sur quels corps pourrait-on l'étudier ? Quel pourrait être le terme concret, palpable, auquel on pourrait la rattacher ? Les lieux sur lesquels sont arrivés les événemens sont un terme auquel on doit les rapporter ; car l'inspection du théâtre réveille assez facilement la scène qui s'y est passée. Mais ce terme est insuffisant pour rappeler tout ce qui est du domaine de l'histoire ; car tout en elle n'est pas matériel : il y a la part des sentimens et des idées ; de plus, l'idée des lieux ne nous est pas assez présente, assez familière pour pouvoir servir de point de départ, et ne saurait rappeler la chronologie des événemens.

A quels objets physiques pourrons-nous donc rattacher les faits de l'histoire ? Mais nous avons dit que les mots s'alliaient parfaitement aux corps. Les objets matériels peuvent donc être considérés comme lieux d'aggrégation de mots, comme le lieu de leur habitation, et les mots, comme les habitans de ces lieux. Nous pourrions donc réunir les mots, les signes qui nous apprennent l'histoire, sur des corps, en des places qui sont des objets matériels ; et dès—

lors , les faits historiques signifiés par les mots , se trouvant rattachés à des objets matériels, nous viendraient à la mémoire à volonté , et pour cela , nous n'aurions qu'à nous rappeler l'idée de la place qu'ils occuperaient ; car nous avons dit que l'idée du lieu d'habitation rappelait l'idée des habitans.

Etablissons donc des systèmes de localisation avec une série de places correspondantes à la succession des siècles , et rattachons à ces places les événemens historiques : voilà le principe de la méthode. Et quels procédés pratiquerons-nous? Les mêmes que ceux que nous pratiquons pour apprendre les choses qui nous entourent : 1° nous les considérons à leurs places ; 2° nous allons les y retrouver au besoin; 3° et quelquefois, les ayant déplacées , nous les y replaçons. Nous considérerons également les faits historiques à leur place ; nous irons les y retrouver , et les ayant déplacés , nous les y replacerons.

Les principes qui découlent de la théorie précédente sont donc :

1° Passer du connu à l'inconnu , du simple au composé ;

2° Considérer les touts dans leur complexité ;

3° Les décomposer et les recomposer.

Ce qui s'exécute par les exercices que nous allons indiquer.

EXPLICATIONS GÉNÉRALES

SUR LA DISPOSITION

DE L'HISTOIRE RÉPARTIE SUR LES TABLEAUX,

OBJETS DE L'APPLICATION DE LA MÉTHODE.

La méthode s'applique à l'histoire universelle en général, à l'histoire sacrée et à l'histoire de France en particulier.

Ces deux histoires, unies entre elles par une partie de l'histoire de l'église, et auxquelles on rapporte toutes les autres, sont prises pour termes de comparaison.

Ainsi, c'est une longue chaîne, partant du commencement du monde, de la main d'Adam, et se prolongeant jusque dans la main de Louis-Philippe, aux anneaux de laquelle vont se rattacher les ramifications des histoires correspondantes.

L'histoire, depuis Adam jusqu'à Pharamond, est divisée par siècles, représentés par autant de tableaux; l'histoire, depuis Pharamond jusqu'à nos jours, est divisée par les règnes des rois de France, représentés chacun par un tableau.

COMPOSITION PARTICULIÈRE
des petits tableaux ou cadres (*).

Chaque tableau de forme rectangulaire présente trois colonnes, à l'exception de quelques-uns qui en ont plus ou moins ;

A la première colonne, se trouvent les faits historiques de l'histoire principale, c'est-à-dire de celle qui est prise pour terme de comparaison.

A la seconde colonne, une chronologie générale, ou les événemens contemporains de chaque règne ;

A la troisième, les hommes célèbres, inventions, découvertes, le tout rangé selon l'ordre chronologique.

Les tableaux qui représentent un siècle sont supposés divisés en trois parties : la premières comprenant une durée de trente ans ; la seconde une durée de quarante ans; la troisième, une durée de trente ans encore.

Ce serait un abus que de chercher à retenir la date précise des faits antérieurs à la fondation de Rome, attendu que les dates sont incertaines.

Les faits en caractères distincts et saillans doivent fixer plus particulierement l'attention.

En tête de certains tableaux se trouve une ou plusieurs idées générales qui caractérisent tout un siècle. Cest le résumé moral d'une grande série de faits.

(*) Nous faisons connaître ici la composition de nos tableaux, pour que l'on puisse en composer de semblables, si l'on n'aime mieux se procurer les nôtres.

Sur chaque tableau est marquée une idée principale. Sur les tableaux de l'histoire ancienne, c'est un grand personnage ou un grand fait historique ; sur les tableaux de l'histoire du moyen-âge et moderne, c'est le roi de France.

Les idées principales sont prises pour des centres, autour desquels sont supposées groupées toutes les autres. Ainsi, autant de centres, autant de groupes d'idées ; et ces idées, énoncées simplement, et étant susceptibles de développemens, deviennent à leur tour centres de nouvelles idées, fournies par les développemens. Donc, tout se trouve lié : les faits exprimés simplement tiennent au fait central par convention, souvent par la nature des faits ; et les idées des developpemens tiennent au fait qui les fournit par leur propre nature. Ainsi, on distingue dans ces groupes le centre principal, entouré de centres secondaires, qui, à leur tour, sont entourés d'une multitude d'idées. De même, dans une même famille, les membres qui la composent se trouvent réunis autour de la personne d'un chef commun, et chaque membre en particulier donne lieu à des détails qui composent sa manière de vivre, son histoire.

SYSTÈME DE CHRONOLOGIE

suivi sur les tableaux.

Divers systèmes de chronologie sur la durée du monde, depuis la création jusqu'à la naissance de

Jésus-Christ, sont suivis par les historiens : les uns comptent une durée de 3740 ans ; d'autres, 3880, 3950, 4000, 4004, 4040, 4140, 4720, 4963, (cette dernière est adoptée par plusieurs historiens de nos jours), 5000, 6084. Sans chercher à rapporter tous les différens calculs qui sont au nombre de plus de cinquante, ce qui comme dit Las-Cases et autres, rend toute concordance dans les dates impossible, nous dirons seulement que les modernes ont adopté la chronologie de 4000 environ. C'est celle que nous avons suivie dans nos tableaux, qui portent 3984, chronologie des tableaux de Strass, de E. Hocquart, d'Arnaud Robert, sources où nous avons puisé la plupart des matériaux qui couvrent les nôtres, sur lesquels les années sont comptées par siècles avant Jésus-Christ.

Dans les tableaux de Las-Cases, nous avons pris grand nombre de faits et d'hommes illustres. D'autres autorités non moins recommandables nous ont encore fourni les faits et personnages historiques de l'histoire du moyen-âge et moderne ; quant à leur chronologie, elle est peu contestée. Les ouvrages consultés sont les auteurs précités, et les biographes Michaud, Ladvocat, Prudhomme, Chaudon et Delandine, Feller, Jay et Jouy.

ABRÉVIATIONS

QUE L'ON RENCONTRERA SUR LES TABLEAUX.

Aca. Académicien.
Act. Acteur.
Agri. Agriculteur.
Ami. Amiral.
Ana. Anatomiste.
Arch. Architecte.
Ast. Astronome.
Au. Auteur.
Bota. Botaniste.
Capi. Capitaine.
Chir. Chirurgien.
Chi. Chimiste.
Const. Constitutionnel.
Conv. Conventionnel.
Cri. Critique.
Dépu. Député.
Dic. Dictateur.
Disc. Disciple.
Emp. Empereur.
Evéq. Evêque.
Géné. Général.
Géom. Géomètre.
Géo. Géographe.
Hist. Historien.
Instit. Instituteur.
Ins. ora. Institutions oratoires.
Juris. Jurisconsulte.
L. S. D. Leurs substantifs dérivés.
Litté. Littérateur.
M. Mort.
M. V. Mort vers.
Magis. Magistrat.
Maré. Maréchal.
Math. Mathématicien.
Méca. Mécanicien.
Méde. Médecin.
Minis. Ministre.
Mora. Moraliste.
Nat. Naturaliste.
Ora. Orateur.
Ph. Philosophe.
Phy. Physicien.
Pein. Peintre.
Poè. Poète.
Préc. Précepteur.
Pro. Prophète.
Publ. Publiciste.
Révol. Révolutionnaire.
Rh. Rhéteur.
Roy. Royaume.
Sati. Satirique.
Sav. Savant.
Stat. Statuaire.
Symph. Symphoniste.
Tétrar. Tétrarque.
V. Vivait.
V. V. Vivait vers.
Ven. Vendéen.
Vic. Victor.

SYSTÈMES DE LOCALISATION.

Manière de les former.

Nous avons dit qu'il fallait rattacher les faits et personnages historiques à des objets sensibles. Établissons donc des systèmes de localisations.

On peut en concevoir de plusieurs sortes; mais les plus simples seront toujours les meilleurs. Destinés à servir de théâtre factice à tous les matériaux de l'histoire et à les suggérer à la mémoire, ces systèmes ne sauraient trop facilement se reproduire à la pensée. La forme de V, tantôt ouvert à l'angle et tantôt renversé, le plan vertical I, et la forme de certaines lettres de l'alphabet nous ont paru les figures les plus propres à former nos systèmes. Nous les avons représentés sur nos quatre planches : celui de la première planche est destiné à l'étude de l'histoire ancienne; celui de la seconde, à l'étude de l'histoire du moyen-âge et moderne, et de l'histoire de France en particulier; celui de la troisième doit servir à retenir des nombres, et celui de la quatrième s'applique à la classification de l'histoire naturelle.

Manière d'établir ces systèmes sur les faces d'une salle.

Nous supposons une salle libre dans ses quatre faces, nord, est, sud et ouest.

Formation du système de localisation pour l'étude de l'histoire ancienne.

Ayez sept règles (1), si toutefois vous voulez établir à la fois les trois figures, ce qui n'est pas absolument nécessaire, car on pourrait se borner à former les figures séparément, et à mesure qu'on les met en usage; dans ce cas, trois règles suffisent.

Dimension de chaque règle : Longueur, un mètre; largeur, dix centimètres; épaisseur, un demi-centimètre environ.

Placez les trois figures successivement à l'une des faces de la salle, à l'ouest, je suppose; la première et la troisième voisine des angles, et la deuxième entre les deux.

La première figure se forme au moyen de deux règles suspendues à deux clous par leurs extrémités supérieures, et dont les deux inférieures sont retenues assez rapprochées par le moyen d'un cordon qui passe par deux trous pratiqués aux extrémités. Il est inutile de donner des explications pour la formation des autres : voyez pour cela la planche Ire.

---

(1) Au lieu de règles ou planchettes, on pourrait encore se servir de bandes en laine noire, ou rouge, ou verte, n'importe, de la largeur et de la longueur indiquées, s'il est possible. Afin de pouvoir échelonner sur les bandes les petits tableaux, placez-y des petits instrumens de fil de laiton et en forme de boucles (voyez-en le dessin dans la planche Ire, lettre A). Cette manière de former les figures est la plus commode.

Échelonnez sur les règles de cette première figure, que vous aurez armées de pointes de Paris recourbées, les dix petits tableaux; afin de pouvoir placer convenablement ces tableaux d'après la figure, ayez pris préalablement les précautions suivantes :

La figure étant formée, appliquez chaque tableau bien horizontalement à la place qu'il doit occuper, et puis marquez au-dessous de ce tableau deux points par où vous ferez ressortir deux pointes de Paris, destinées, étant recourbées, à retenir le tableau. Cette opération serait peut-être encore plus facile, si l'on formait horizontalement la figure en plaçant les règles sur une table ou sur des dossiers de chaises. (Voir les planches, pour la disposition des petits tableaux sur les figures.)

Formation du système de localisation pour l'étude de l'histoire du moyen-âge et moderne.

Ayez onze règles, si toutefois vous voulez établir à la fois toutes les figures, ce qui n'est pas rigoureusement nécessaire.

Placez à la face nord de la salle la première figure, destinée à recevoir les rois de France de la première race;

A l'est, la deuxième figure, deuxième race;

Au sud, la troisième, quatrième et cinquième figure, troisième race.

(Voir la planche n° 11 pour la disposition, formation des figures et le placement des petits tableaux.)

Si les trois faces de la salle ne se trouvaient pas libres, il n'y aurait pas d'inconvénient à placer sur une seule face la première et seconde figure. Utilisez comme vous le pourrez les faces de votre salle pour le placement des figures, mais toujours dans un ordre successif et facile à parcourir par la pensée. Nous devons faire observer qu'une fois ce placement fait, on se gardera bien de le changer dans les leçons subséquentes : toujours la même figure à la même place.

Dimension des règles ou bandes pour la première figure.

Longueur, un mètre et demi;

Largeur, dix centimètres environ;

Epaisseur, demi-centimètre environ.

Pour les neuf autres, mêmes dimensions que les précédentes, destinées à l'étude de l'histoire ancienne, lesquelles peuvent encore servir pour la formation des figures de la deuxième et troisième race des rois de France.

Mais au moyen de deux règles (longueur un mètre et demi), et de trois autres (longueur un mètre), on peut pratiquer la méthode en formant les figures alternativement. Il suffit de bien disposer sur ces règles les pointes de Paris destinées à recevoir les petits tableaux.

(Voir la planche n° 11, pour la formation des figures et la disposition des petits tableaux dont chacun représente un roi de France.)

Le troisième système, planche n° 3, ne sera point

mis en usage d'une manière matérielle comme les précédens. L'inspection de la planche elle-même sur laquelle on pratiquera nos procédés, suffira pour faire connaître le mot qui signifie tel chiffre, et *vice versâ.*

Quant à la formation des figures de la quatrième planche, elle doit être faite au moyen de règles ou bandes ci-dessus mentionnées. La considération de la planche tiendra suffisamment lieu de toute autre explication.

D'après les détails que nous venons de donner, il reste donc bien facile d'établir nos systèmes de localisation.

EXERCICES.

CHAPITRE Ier.

La méthode s'appliquant à un seul ou petit nombre d'élèves, ou à un grand nombre à la fois, deux sortes d'exercices peuvent être mis en usage, ce qui a donné lieu à une division de la méthode en deux genres, *genre narratif* et *genre dramatique*. Le premier peut être pratiqué par un ou plusieurs étudians à la fois; le second par un grand nombre seulement. Au reste, ces deux genres découlent naturellement des principes de la méthode.

Nous commencerons par le *genre narratif*.

Genre Narratif.

HISTOIRE ANCIENNE.

Application à l'histoire ancienne. (*Usage de règles ou de bandes pour la formation des figures.*)

Classe de sixième.

Depuis la création jusqu'à la fin de la guerre Médique, an 449 av. J.-C.

HISTOIRE SAINTE.

Le maître à ses élèves :

Nous avons dit, Messieurs, que nous prenions l'histoire sainte pour terme de comparaison des histoires anciennes; occupons-nous donc d'abord de cette histoire que nous divisons en sept grandes époques.

Les deux règles sont disposées contre le mur de la salle en forme de V ouvert à l'angle, et les dix petits tableaux y sont échelonnés. (Voir la figure 1re, planche I.)

Vous voyez, Messieurs, cette figure (il leur montre la figure) : c'est une espèce de V, figure simple et facile à se représenter.

Vous voyez la disposition des petits tableaux ; vous en remarquez un à chaque extrémité de la branche gauche et trois au milieu. Même disposition sur la branche droite. Donc vous en voyez dix, cinq à gauche et cinq à droite. Chaque petit tableau représente un siècle ; reconnaissons ces siècles.

Le premier, à l'extrémité supérieure de la branche gauche, c'est le 40e siècle avant Jésus-Christ ; le suivant, au-dessous, c'est le 24e siècle ; du 40e on passe au 24e, parce qu'entre ces deux siècles il y a un vide d'événemens : on ne connaît que des noms de patriarches que l'on nomme patriarches antédiluviens.

Poursuivons :

Le suivant, c'est le 23e, puis les 22e et 21e à l'extrémité inférieure de la branche gauche ; le 20e à l'extrémité inférieure de la branche droite ; le suivant au-dessus le 19e, puis le 18e, le 17e, et le 16e à l'extrémité supérieure, et toujours avant Jésus-Christ.

On répète.

Le maître :

Fixez-vous bien sur les siècles des extrémités : le 40e, le 21e, le 20e et le 16e.

DEUXIÈME PROCÉDÉ.

L'élève va retrouver un siècle demandé. Il le touchera de la main ou du bout d'une baguette.

Question : Où est tel siècle ?

TROISIÈME PROCÉDÉ.

Tous les tableaux étant déplacés et mêlés comme un jeu de cartes, l'élève les replacera, en nommant à haute voix le siècle que le hasard fait sortir.

S'il les a bien disposés, il aura saisi le rapport de contiguïté entre un objet matériel et un signe, un chiffre. Aussi chaque tableau placé lui rappellera facilement le siècle qu'il représente, et réciproquement. Donc des places, des lieux lui rappelleront des nombres ; donc des nouveaux signes, des signes matériels auront remplacé des signes abstraits, des chiffres.

Si ces signes sensibles, ces places rappellent des nombres, ces mêmes signes rappelleront par la même raison des faits historiques, des personnages, de la même manière que des lieux réels ou tracés sur des cartes nous rappellent des termes géographiques, noms de contrées, de provinces, de villes, de rivières, etc.

Cherchons-en la preuve dans la pratique.

Nous avons dit que sur chaque tableau était marqué un grand fait historique, et que ce fait était pris pour centre autour duquel seraient groupés tous ceux du même siècle.

Voici dix de ces faits :

A l'extrémité supérieure de la branche gauche, qui marque le 40e siècle, nous y plaçons les faits et les personnages suivans :

Première époque.

40e. *siècle*, création du monde, et par conséquent Adam, Ève, et leurs enfans, Caïn, Abel et Seth.

Deuxième époque.

Au 24e *siècle*, le déluge, et par conséquent Noé et ses enfans, Sem, Cham et Japhet.

Au 23e *siècle*, Héber, patriarche, d'où vient le mot *hébreu* ;

Au 22e *siècle*, la tour de Babel, dispersion des enfans de Noé ;

Au 21e *siècle*, la naissance d'Abraham.

Troisième époque.

Au 20e *siècle*, la vocation d'Abraham;

Au 19e *siècle*, Jacob et Esaü, deux frères jumeaux.

Au 18e *siècle*, histoire de Joseph.

Au 17e *siècle,* la naissance de Moïse.

Quatrième époque.

GOUVERNEMENT DES JUGES.

Au 16e *siècle,* la vocation de Moïse.

Le maître le répète.

DEUXIÈME PROCÉDÉ.

L'élève va retrouver un fait demandé.

Questions.

Sur quel tableau se trouve tel fait ?
Quel est le fait qui se trouve sur tel tableau?

TROISIÈME PROCÉDÉ.

Les faits étant écrits sur des cartes, mêler ces cartes et les replacer sur les tableaux , en lisant à haute voix le fait que le hasard fait sortir ; répéter cet exercice. Cela fait , le maître tracera sur le tableau noir la représentation de la figure et les petits tableaux. Il suffit de représenter les règles et les tableaux par de simples lignes et traits. Puis les élèves seront exercés à retrouver sur cette espèce de carte muette les siècles et faits historiques ci-dessus mentionnés.

Les élèves sachant parfaitement opérer le classement chronologique de ces faits , on passera à leur développement, tâche du maître qui les présentera sous le point de vue le plus véridique, le plus rationnel et le plus propre à exercer l'intelligence des élèves et à former leur moralité. A cette fin, il donnera des explications verbales, s'il n'aime mieux en lire les détails dans un livre.

Les développemens connus, on en fera lire les sommaires sur les petits tableaux échelonnés sur la figure, comme pour résumer les lectures faites. Au reste, chaque élève, étant muni d'un atlas, sera à même de voir quels sont ces sommaires.

Ainsi d'après ce qui précède, il faut :

1° Remarquer la forme de la figure ;

2° Remarquer les siècles échelonnés sur cette figure ;

3° Classer dans ces siècles les faits principaux, qui sont pris pour idées centrales ;

4° Tracer les figures sur le tableau noir et exercer les élèves à retrouver sur cette carte muette les siècles et faits ;

5° Entrer dans les développemens de ces faits et autres qui s'y rattachent ;

6° Lire les sommaires qui se trouvent sur nos tableaux, 1re colonne, comme résumés des lectures faites.

Devoirs à rapporter.

Tracer sur du papier la figure qui a été le théâtre de la leçon, et y écrire les résumés de l'histoire étudiée. Faire des résumés détaillés sans les localiser, et les rapporter par la pensée aux places de nos petits tableaux sur la figure.

Mêmes procédés pour la deuxième et troisième figure.

Voici la liste des faits principaux de la deuxième figure, faits que l'on trouvera sur nos tableaux, et que l'on devra classer dans sa mémoire.

15e *siècle,* Josué, passage du Jourdain, prise de Jéricho ;

14e *siècle*, la prophétesse Debora, et Baruch, prophète ; Debora tue le général Sisara ;

13e *siècle*, Gédéon, sa victoire sur les Madianites ;

12e *siècle,* Jephté, son vœu, sa victoire sur les Ammonites ; Samson, ses exploits, sa mort ;

11e *siècle,* Samuël, dernier juge.

Cinquième époque.

GOUVERNEMENT DES ROIS.

Saül, premier roi ; David, Absalon, Salomon.

10e *siècle*, schisme des dix tribus : Roboam, roi de Juda, et Jéroboam, son frère, roi d'Israël ;

9e *siècle*, Joram et Athalie, sa femme ; Jéchonias, leur fils, et Joas, fils de ce dernier ;

8e *siècle*, le roi Ezéchias ; fin du royaume d'Israël sous Osée, amené captif à Ninive par Salmanazar avec Tobie ;

7e *siècle*, Joachim détrôné et captif ; 606, prise de Jérusalem par Nabuchodonosor II le Grand, et commencement de la captivité des Juifs à Babylone ; durée, soixante-dix ans ; Daniel, Ananie et Misaël captifs ;

6e *siècle*, Sédécias sur le trône de Judée; Jérusalem et le temple détruits par Nabuchodonosor II le Grand; 587, fin du royaume de Juda.

Sixième époque.

Gouvernement des grands-prêtres ou pontifes; 536, fin de la captivité par Cyrus; Zorobabel.

HISTOIRES PROFANES.

L'histoire sainte, depuis le 40e siècle jusqu'au 6e avant Jésus-Christ étant connue, on passera à l'étude des histoires anciennes; donc, d'après le programme de l'Université, on aura à s'occuper de l'histoire des Égyptiens, des Assyriens, des Grecs, des Perses, etc., jusqu'au 5e siècle avant Jésus-Christ, pour la classe de sixième.

Quelle sera donc la marche à suivre pour l'étude de ces histoires? La même que celle que nous avons suivie. Quelques exemples suffiront pour résoudre toute la question.

On veut étudier, je suppose, l'histoire des Egyptiens. Comme l'origine de ce peuple date, d'après notre système de chronologie, du 22e siècle avant Jésus-Christ, nous exposerons aux regards de nos élèves la première figure, planche 1re; puis nous rattacherons à chaque siècle, représenté par un petit tableau, les grands événemens et personnages qui figurent parmi les Egyptiens durant cette période, laquelle va finir au 16e siècle avant Jésus-Christ.

Ainsi, nous remarquerons : *Origine des Égyptiens, Menès, premier roi, dans le 22e siècle ; Busiris II, qui fonde la ville de Thèbes aux cent portes, dans le 20e siècle ; Thoutmosis, qui chasse les Hycsos ou rois pasteurs, dans le 18e siècle ; Mœris et Osymandias, dans le 17e siècle ; Aménaphis, père de Sésostris, dans le 16e siè-siècle.*

Pratiquer les trois procédés.

Ier.

Le maître indique le tableau où se trouve chacun de ces personnages et faits.

II.

L'élève va l'y retrouver.

III.

Les faits et personnages étant écrits sur des cartes, exercer les élèves à les replacer en les leur faisant lire à haute voix.

Connaissant ce classement séculaire, on passera aux développemens. A cette fin, le maître donnera des explications verbales ou lira celles d'un ouvrage d'histoire.

Devoir à rapporter.

Les élèves traceront la figure sur du papier, ainsi que les petits tableaux ou cadres, et y écriront sommairement les faits et personnages. Ils pourraient encore répondre par écrit à des questions données, ou bien rédiger les explications ou lectures faites tout simplement.

Mêmes procédés pour classer et développer les grands faits et personnages des autres peuples, Assyriens, Grecs, Perses, etc.

Il vaudrait peut-être mieux classer d'abord synchroniquement, et siècle par siècle, les événemens de tous les peuples, les faisant ainsi marcher de front et simultanément; de cette sorte on formerait des groupes d'idées qui se lieraient entre elles par l'habitude de les mentionner ensemble ou par des rapports naturels ou factices que l'on pourrait découvrir (voyez ci-dessous), puis on développerait les faits selon leur ordre de succession; ou bien encore, après avoir formé ces groupes d'élémens de plusieurs peuples, il n'y aurait pas d'inconvénient à les développer séparément peuple par peuple. Nous devons faire remarquer qu'il suffit de classer physiquement trois ou quatre grands faits dans chaque siècle, se réservant d'y rapporter intellectuellement d'autres faits secondaires.

Manière de lier ensemble les faits et personnages des mêmes siècles.

Les faits et personnages hébraïques dont nous avons donné plus haut la nomenclature étant classés dans leurs siècles, on classera dans ces mêmes siècles les faits et personnages remarquables qui appartiennent à l'histoire profane ; ainsi, on classera dans le 23e *siècle* l'origine des Chinois ;

Dans le 22e, l'origine des Égyptiens : premier roi, Menès, et l'origine des Assyriens : premier roi, Nemrod ;

Dans le 21e, le premier royaume de la Grèce, Sycione, fondé par Égyalée et Sémiramis, reine de Babylone;

Dans le 20e *siècle,* Thèbes en Egypte aux cent portes fondée par Busiris II ;

Dans le 19e *siècle*, le second royaume de la Grèce ; Argos, fondé par Inachus ;

Dans le 18e *siècle*, Touthmosis chasse les rois pasteurs.

Dans le 17e *siècle*, Mœris, remarquable par le lac qu'il fit creuser, et Osymandias, remarquable par trois faits, sa statue, la première bibliothèque dont l'histoire fasse mention, composée de 100,000 volumes, et son tombeau, entouré d'un cercle d'or de 365 coudées, symbole de la division de l'année en 365 jours ;

Dans le 16e *siècle*, Aménophis, père de Sésostris, et la fondation des trois villes de la Grèce, d'Athènes par Cécrops, de Sparte par Lélex, de Thèbes par Cadmus, fils d'Agénor, roi de Thessalie.

Pratiquer les trois procédés.

Outre le rapport de contigüité ou de juxta-position qui attire puissamment les choses à leur place, on peut encore faire en sorte de rattacher les faits et personnages de l'histoire profane à ceux de l'histoire sainte en les liant par certains rapports naturels ou factices. Ainsi le nom *Héber* peut rappeler le mot *herbe;* ce dernier peut rappeler le mot *chien* par cette formule, un chien sur l'herbe; et *chien* peut rappeler *Chinois. Origine des Chinois.*

Tour de Babel. *Tour* peut rappeler *pyramide*, et ce dernier peut rappeler *Égypte. Origine des Égyptiens.*

Abraham naît dans la ville d'Ur. *Ur*, ville, peut rappeler *Babylone, ville.*

Sémiramis, reine de *Babylone*; ce dernier peut rappeler *Sycione , royaume,* par l'effet de la rime.

Thèbes en Egypte, placée à l'extrémité inférieure de la branche droite de la figure, et *Thèbes en Grèce* à l'extrémité supérieure. Dans la formule suivante: Esaü prend son *arc* et part pour la chasse, le mot *arc* peut rappeler *Argos.*

Dans la formule : Joseph supporte *tout* avec patience, *tout* peut rappeler *Touthmosis* chasse les rois pasteurs.

Dans la formule : Moïse est *mis* dans une corbeille d'osier, *mis* peut rappeler *Mœris*, et *osier*, *Osymandias.*

Dans la formule : Moïse *amène* les Israélites hors de l'Égypte, le verbe *amener* peut rappeler *Aménophis.*

Ainsi, par l'effet de ces rapports analogiques que l'on peut trouver entre les mots ou entre les objets de ces mots, on peut lier ensemble des faits et personnages historiques contemporains.

Mêmes rapports à remarquer entre les faits et personnages suivans de la deuxième figure :

15e *siècle*, prise de *Jéricho*. — *Argos*. Danaüs passe d'Egypte à *Argos*. — *Minos*. *Minos* donne des lois aux Crétois.

14e *siècle*, Debora tue (*perce*) le général Sizara. — *Persée*, premier roi de Mycènes.

13e *siècle*, *Gédéon*. — *Jason*, chef des Argonautes.

La croyance vulgaire porte que le nombre 13 porte malheur.

Précisément, dans le 13e siècle, on trouvera trois calamités remarquables : Abimélech tue ses soixante-dix frères; mort d'Hippolyte; mort d'Étéocle et de Polynice.

12e *siècle*, Samson livre aux *flammes* les moissons des Philistins. — Les Grecs livrent aux *flammes* la ville de Troie (plusieurs années auparavant, il est vrai).

11e *siècle*, Samuël *dernier* juge des Israélites. — Codrus *dernier* roi d'Athènes.

10e *siècle*, Roboam roi de Juda. — Sesac pille le temple de Roboam.

FORMULE.

9e *siècle*, Atha*lie*, — *Ly*curgue donne des lois à Sparte ;
dit-on, — *Didon* fonde Carthage ;
était *pâle*. — Sardana*pale*, assiégé dans Ninive,
se brûle dans son palais.

Remarquez l'analogie des mots correspondans.

Rapports d'analogie dans la nature des faits.

Les quatre personnages ci-dessus rapportés ont eu une fin malheureuse : en effet, Athalie est massacrée par le peuple dans le temple; Lycurgue périt loin de sa patrie; Didon se précipite dans les flammes; Sardanapale périt de la même manière.

8e *siècle*, Ézéchias remporte une victoire sur Sennachérib. — Romulus remporte une victoire sur les Sabins.

7e *siècle*, Joachim vaincu et détrôné par Nabuchodonosor. — Les Albains déclarés vaincus et unis aux Romains.

6e *siècle*, fin du royaume de Juda. — Fin du royaume de Babylone et de Lydie, et remarquez en outre, dans ces quatre derniers siècles :

La fondation de Carthage dans le 9e ;

La fondation de Rome dans le 8e ;

La fondation de Bysance dans le 7e,

Et la fondation de Marseille dans le 6e.

Ainsi, d'après ce qui précède, on voit qu'il est assez facile de lier les faits par certains rapports analogiques qu'ils peuvent avoir entre eux, soit dans leur nature, soit dans les signes qui les expriment.

Donc la méthode se prête à plusieurs sortes de procédés, tous très-faciles à pratiquer : classer d'abord sur chaque figure, et siècle par siècle, les faits principaux de l'histoire, qui est prise pour terme de comparaison; développer ces faits, c'est-à-dire les entourer de toutes les idées secondaires dont ils peuvent être la source ; rapporter à ces mêmes faits principaux, et aux places qu'ils occupent sur les figures, les faits et personnages contemporains des autres histoires, telle est la marche à suivre d'après nos principes, qui portent que les objets sensibles frappent le plus vivement nos sens, et que l'idée des lieux rappelle les choses qui sont dans ces lieux.

Classe de cinquième.

Depuis la fin de la guerre Médique, 44, jusqu'à la réduction en provinces romaines de la Grèce et des divers états formés des débris de l'empire de Macédoine.

JUIFS.

Depuis le retour des juifs jusqu'à l'avénement d'Hérode Ier ; nous ajouterons à la suite, *les quatre premiers siècles après Jésus-Christ de l'histoire de l'église*, que nous regardons comme la continuation de *l'histoire sainte*.

Servez-vous de la troisième figure en forme de VI ; échelonnez-y les neuf petits tableaux. — Voir la planche Ire, figure 3.

Pratiquez les mêmes procédés que ci-dessus pour reconnaître les siècles, pour classer dans ces siècles les faits principaux et pour les développer.

Voici la nomenclature de ces faits :

5e *siècle avant Jésus-Christ*, Esdras met en ordre les livres saints, et Néhémias rétablit Jérusalem ;

4e *siècle*, Jaddus, grand-prêtre, s'avance au devant d'Alexandre pour lui offrir les clefs de la ville ;

3e *siècle*, version des Septante par ordre de Ptolémée-Philadelphe ;

2e *siècle*, Antiochus-le-Grand s'empare de la Judée; martyr d'Éléazar, d'une mère et de ses sept enfans ;

1er *siècle*, Hérode Ier élu roi par les Romains, et Auguste empereur à Rome.

Septième époque.

NAISSANCE DE JÉSUS-CHRIST.

Premier siècle après Jésus-Christ, Hérode II roi en Judée, et Pilate procureur ; Tibère empereur à Rome;

33. Mort de Jésus-Christ ;

54. Première persécution commandée par Néron ; mort de saint Pierre et de saint Paul ;

95. Seconde persécution commandée par Domitien ; saint Jean sauvé miraculeusement.

Deuxième siècle après Jésus-Christ.

106. Troisième persécution commandée par Trajan ;

166. Quatrième persécution commandée par Marc-Aurèle ;

199. Cinquième persécution commandée par Septime-Sévère.

Troisième siècle après Jésus-Christ.

235. Sixième persécution commandée par Maximin ;

250. Septième persécution commandée par Décius ;

258. Huitième persécution commandée par Valérien ;

275. Neuvième persécution commandée par Aurélien.

Quatrième siècle après Jésus-Christ.

303. Dixième persécution commandée par Maximilien et Dioclétien ;

Constantin rend la paix à l'église.

Afin de faciliter le souvenir des dates des persécutions et des empereurs qui les ont commandées, faites les observations suivantes :

Remarquez dans les dates 106, 166, 199, les 6 et les 9 ; dans les dates 235, 250, 258, 275, le 5 qui termine la première et la dernière ; dans les deux intermédiaires, 50, 58.

Dans la *troisième* persécution par *Trajan*, remarquez les lettres *tr* et *tr*.

Dans la *quatrième* par *Marc-Aurèle*, remarquez *qua* et *Ma*.

Dans *cinquième* persécution, par *Septime-Sévère*, remarquez C et S.

Dans *sixième* persécution, par *Maximin*, remarquez le X.

Dans *huitième* persécution, par Valérien, remarquez ce nom analogue au mot vaurien (huit vauriens).

Da'ns *neuvième* persécution, par Aurélien, remarquez ce nom analogue à oreille (neuf oreilles).

Dans *dixième*, par Dioclétien, remarquez *Di.*

Ces sortes de rapports analogiques et phoniques que l'on peut découvrir dans les mots servent à les lier entre eux et facilitent les opérations de la mémoire.

L'histoire sainte connue, on passera à l'étude des histoires profanes contemporaines. Nous ne donnerons pas ici la nomenclature des événemens à classer ; on les trouvera sur nos tableaux. Nous ferons observer néanmoins qu'il n'est pas utile de soumettre tous ces faits à nos procédés : on choisira les plus importans; ceux qui ont la plus grande compréhension, comme par exemple : *Guerre persique qui dura cinquante-un ans ; Gouvernemement de Périclès ; Guerre du Péloponèse ; Retraite des dix mille, dans le cinquième siècle ;* ces faits comprenant en eux beaucoup de personnages, sont susceptibles de beaucoup de développemens qui viennent se ranger tout naturellement autour de l'idée mère qui fait leur centre. Ainsi il suffira de classer à chaque siècle, en pratiquant nos procédés, quatre ou cinq de ces faits majeurs et abondans en détails.

Classe de quatrième.

HISTOIRE ROMAINE.

Royauté, 753; république, 509 av. J.-C.; empire, 29 av. J.-C. jusqu'en 395 après, époque de la mort de Théodose-le-Grand.

Rome ayant été fondée dans le huitième siècle avant Jésus-Christ, il faudra se servir de la deuxième figure, planche 1, et de la troisième figure, composée de la forme de V et d'une règle verticale placée à sa droite, ce qui fait VI en chiffres romains. (Voir la planche Ire, figures 2 et 3.)

Mêmes procédés que les précédens pour reconnaître les siècles, pour classer dans ces siècles les faits principaux, secondaires, etc. (Voir ces faits sur nos tableaux.)

Classe de troisième.

HISTOIRE DU MOYEN-AGE.

Depuis la mort de Théodose-le-Grand en 395 jusqu'à la prise de Constantinople, par Mahomet II, l'an 1453.

Nous avons dit que nous prenions l'histoire de France pour terme de comparaison des histoires du moyen-âge et moderne. Occupons-nous donc de cette histoire, mais d'une manière générale, l'étude particulière ou détaillée en étant réservée à la classe de rhétorique.

Nous exposerons d'abord aux regards des élèves la Ire figure, planche 11. C'est une espèce de Λ, ouvert à l'angle. Cette figure se forme comme les autres, au moyen de deux règles (voir les dimensions, page 20), sur lesquelles on échelonnera tous les rois de France de la première race, représentés par nos petits tableaux cartonnés.

(Voir, pour cette disposition, la planche n° II, figure 1.re)

EXERCICES.

Le maître à ses élèves :

Vous voyez, Messieurs, cette figure (il la leur montre). Les tableaux qui y sont placés, ce sont les rois de France de la première race. Ils sont divisés par siècle, et par *deux*, par *trois* dans les siècles. Les plus grandes distances séparent les siècles.

Branche gauche. — Vous y voyez d'abord, à partir de l'extrémité inférieure, deux tableaux et puis trois. Ce sont les rois qui ont régné dans le 5e siècle; les deux autres et les trois suivans, ce sont ceux qui ont régné dans le 6e siècle. Donc cinq rois dans le 5e siècle, et cinq dans le 6e siècle.

Branche droite. — Vous remarquez, à partir de l'extrémité supérieure, deux tableaux, deux tableaux encore, et puis trois. Ce sont autant de rois qui ont régné dans le 7e siècle; les suivans sont ceux qui ont régné dans le 8e. Deux autres encore dans ce même siècle, mais ils appartiennent à la seconde race.

Questions. — Où sont les rois qui ont régné dans le 5ᵉ siècle, dans le 6ᵉ, dans le 7ᵉ, dans le 8ᵉ ?

L'élève les indiquera du bout de la baguette.

Cela fait, on apprendra à nommer les rois selon leur ordre de succession, et *vice versâ*, siècle par siècle. Chaque roi a son surnom. Les surnoms qui se trouvent entre deux parenthèses sont empruntés ; nous les nommons qualificatifs. Leur fonction, c'est de faire perdre aux noms propres leur abstraction, en y ajoutant une idée de qualité.

Suivant toujours rigoureusement nos principes, nous considérerons d'abord les objets à leur place. nous irons les y retrouver, et les ayant déplacés, nous les y replacerons.

PREMIER PROCÉDÉ.

Le maître : 5ᵉ siècle. — Pharamond, Clodion-le-Chevelu, Mérovée, Childéric Iᵉʳ et Clovis Iᵉʳ. Il le répète en touchant encore du bout d'une baguette le roi qu'il nomme.

DEUXIÈME PROCÉDÉ.

Un élève touche de sa baguette un roi demandé.

TROISIÈME PROCÉDÉ.

Les cinq tableaux étant déplacés et mêlés comme un jeu de cartes, l'élève les replacera, nommant à haute voix chaque roi, afin que ses condisciples profitent de cet exercice.

Mêmes procédés pour les rois des siècles suivans.

Après avoir étudié la succession des rois siècle par siècle, on exécutera les trois procédés sur l'ensemble des rois de la première figure, c'est-à-dire qu'on les nommera successivement à haute voix, qu'on ira retrouver un roi demandé, et, qu'étant déplacés, on les replacera.

Ce sont là des conséquences de nos principes. Nous offrons aux regards de nos élèves des objets matériels, palpables, et nous passons du connu à l'inconnu, du simple au composé. En effet, l'idée d'une salle que l'on a fréquentée est une idée simple, sensible, présente à l'esprit à volonté. Cette idée, se décomposant, fournit quatre idées également simples et faciles, celle du nord, celle de l'est, celle du sud, et celle de l'ouest. Ces idées particulières rappellent à leur tour les diverses figures que l'on y aura formées. Ainsi, l'idée de la salle, de ses diverses faces et les figures seront autant de points de rappel qui nous rappelleront l'idée des rois de France dans leurs diverses races et branches, et leur nombre dans chacune d'elles. C'est ainsi que le souvenir des lieux rappelle le souvenir des objets qui l'occupent, et réciproquement. C'est le résultat du rapport de contiguïté ou de juxta-position, rapport qui se manifeste dans toutes sortes d'études.

DES AVÉNEMENS.

La connaissance des dates des avénemens au trône n'est pas moins facile à acquérir que celle des noms des rois dans leur ordre de succession ; elle repose sur le même point de rappel. De plus, chacune d'elles en a deux, la place du tableau et l'idée du roi.

La place des tableaux faisant connaître assez facilement le siècle, il n'y aura qu'à considérer les deux derniers chiffres de la date des avénemens ; par exemple :

Pharamond roi en 420 ; *Clodion-le-Chevelu en* 428 ; *Mérovée en* 448 ; *Childéric en* 458 ; *et Clovis* Ier *en* 481. On considérera seulement les nombres 20, 28, 48, 58 et 81.

Pratiquer sur ces nombres les trois precédés indiqués : 1° les faire remarquer à leur place ; 2° savoir les y retrouver ; 3° savoir les y replacer. Pour ce dernier procédé, écrivez les dates sur du papier ou morceaux de carte, et exercez vos élèves à les replacer.

Ces dates bien fixées dans la mémoire, on trouvera la date totale en y ajoutant le premier chiffre 4.

La durée des règnes sera trouvée à l'aide d'un léger calcul : ce sera la différence d'une date à l'autre. On aura soin de tenir compte des interrègnes.

EXERCICES

POUR L'ÉTUDE DES FAITS HISTORIQUES.

C'est maintenant le lieu d'entrer dans l'étude des faits. Qu'il nous sera maintenant facile de les classer chronologiquement et de les graver dans notre mémoire ! N'avons-nous pas déjà un terme sensible de comparaison , une sorte d'échelle chronologique à laquelle nous pouvons les rapporter ? La succession des rois de France , les dates de leur avénement , les figures matérielles sur lesquelles nous les voyons placés , voilà les objets connus, palpables, auxquels nous allons les rattacher.

La figure qui représente la première race des rois de France est exposée aux regards des élèves, et les petits tableaux y sont échelonnés.

Le maître lit ou fait lire à haute voix les sommaires qui se trouvent sur nos petits tableaux : d'abord ceux qui appartiennent à l'histoire de France , première colonne ; et puis ceux des histoires contemporaines , deuxième colonne. Ainsi il lira sur le premier tableau :

Pharamond; domination des Francs dans les Gaules ; la puissance des Romains s'y affaiblit ; on lui attribue la loi salique, qui exclut les femmes du trône.

Et hors de la Gaule, *les Vandales en Afrique.*

(Lire de même les sommaires des règnes de Clodion , de Mérovée, de Childéric et de Clovis. Répéter cette lecture.)

DEUXIÈME PROCÉDÉ.

L'élève va retrouver un fait demandé.

TROISIÈME PROCÉDÉ.

Les faits étant écrits sur des cartes , tirer ces cartes, et les rapporter physiquement sur le roi sous le règne duquel le fait a eu lieu.

Cela fait, le maître fera connaître, soit par des narrations verbales, soit par des lectures, l'histoire générale durant le 5e siècle, en ayant le soin de faire remarquer à ses élèves le règne sous lequel le fait qu'il développe a eu lieu. Les élèves étant déjà familiarisés avec les faits qui se trouvent sur nos tableaux, puisqu'ils les ont lus deux fois au moins, et qu'ils ont pratiqué les trois procédés, il leur sera bien facile de les rapporter chacun à son règne. Ainsi *Aétius* sera rapporté au règne de Clodion ;

Défaite d'Attila, roi des Huns, au règne de Mérovée ;

Batailles de Soissons, de Tolbiac, de Vouillé, au règne de Clovis ;

Les Vandales en Afrique, au règne de Pharamond ;

Les Angles et les Saxons en Bretagne, au règne de Mérovée ;

Chute de l'empire romain sous Romulus-Augustule, et royaume des Hérules, en Italie, sous Odoacre, au règne de Childéric ;

Les Hérules vaincus par les Ostrogoths, au règne de Clovis, etc.

Les détails étant connus, on relira les sommaires.

Ainsi, classer en pratiquant nos procédés, puis développer et classer encore, voilà la marche que nous indiquons.

Mêmes exercices sur les siècles suivans, 6e, 7e et 8e ; *idem* pour les autres figures.

Les procédés que nous venons d'indiquer sont tour

à tour synthétiques et analytiques : synthétiques, puisque des sommaires nous passons aux détails ; et analytiques, puisque des détails nous revenons aux sommaires. C'est à ces deux sortes de procédés que la science est soumise. Les premiers constituent ce qu'on appelle la méthode d'enseignement, pratiquée par ceux qui possèdent la science ; les derniers constituent la méthode d'investigation, pratiquée par ceux qui la recherchent. Nos tableaux sont conçus d'après la méthode synthétique ou d'enseignement, puisqu'ils présentent d'abord les résumés, les généralités de la science. Nous prions nos lecteurs de remarquer encore sur nos tableaux des propositions, des aperçus généraux qui caractérisent tout un siècle, et dont nous n'avions pas encore parlé. Ces propositions demandent à être justifiées par des citations de faits particuliers.

Ainsi quand il est dit : 5e *siècle, invasion des barbares ; les Francs luttent contre les Romains et contre les barbares pour s'emparer de la Gaule*, on le prouve par les faits :

Les Visigoths pénètrent dans Rome ; les Vandales, les Alains, les Suèves passent en Espagne ; les Angles et les Saxons en Bretagne, etc. ;

Bataille avec Aétius, général romain ;

Guerre contre Attila, roi des Huns ;

Bataille de Soissons contre les Romains ;

Bataille de Tolbiac contre les Allemands ;

Bataille de Vouillé contre les Visigoths.

Donc, *l'invasion des barbares a eu lieu, et les Francs ont lutté contre.....*

On prouverait de même : *sixième siècle, meurtres, assassinats, guerres dans les familles royales en Gaule.*

Ainsi des autres, où l'on trouvera en tête des petits tableaux ces idées générales.

Classe de seconde.

HISTOIRE MODERNE.

Depuis la prise de Constantinople, l'an 1453, jusqu'à la révolution française, l'an 1789, et depuis cette époque jusqu'à nos jours.

Donc, il faudra se servir de la quatrième figure, planche II, où se trouve la place qui représente le 15e siècle, et le règne sous lequel a eu lieu l'événement de 1453 (on trouvera que c'est le règne de Charles VII), et de la cinquième où se trouvent les derniers rois de France.

Mêmes procédés que les précédens pour apprendre la succession des rois, les dates de leur avénement, et les faits historiques de l'histoire moderne.

Classe de rhétorique.

HISTOIRE DE FRANCE.

La classe de rhétorique a pour objet l'étude particulière de l'*histoire de France.*

On suivra la même marche que dans l'étude générale : on lira d'abord les sommaires de l'histoire de France, première colonne, durant un siècle ; on les classera sous leur règne, en pratiquant les procédés déjà indiqués ; puis on les développera, et on les classera de nouveau. Il est bien entendu que l'étude détaillée des faits sera précédée des exercices propres à apprendre la succession des rois, leur division par siècle et la date de leur avénement, exercices que l'on trouvera indiqués dans les pages précédentes. Nous allons donner quelques exemples pour l'étude des faits.

La première race des rois de France est mise sous les yeux des élèves, figure 1re, planche II.

Le maître à ses élèves :

Vous voyez, Messieurs, sur cette figure, les rois de France de la première race. Remarquez les faits principaux des règnes du cinquième siècle. On lit les sommaires de nos petits tableaux, première colonne ; exemple :

Pharamond; domination des Francs dans la Gaule; la puissance des Romains s'y affaiblit, etc.

Puis, *Clodion*.......

Mérovée......

Childéric.....

et *Clovis*,.......

DEUXIÈME PROCÉDÉ.

L'élève retrouve un fait demandé.

TROISIÈME PROCÉDÉ.

Les faits étant écrits sur des cartes, l'élève en tire une au hasard, et la rapporte matériellement sur le tableau du roi.

Après avoir ainsi classé les faits chacun à son règne, on entrera dans leurs développpemens, ce qui s'opère par des lectures ou des explications verbales.

Le maître pourrait donner les idées générales qui se trouvent sur nos tableaux, caractérisant chaque siècle, ou d'autres idées qu'il aurait lui-même conçues, et rapporter ensuite des citations pour les justifier.

Au moyen des connaissances historiques que l'on aura acquises dans les exercices jusqu'ici indiqués, il n'est point de fait historique, de quelque nature et de quelque époque qu'il soit, qui ne puisse être ajouté aux groupes déjà formés; car on verra dans sa pensée une série de groupes d'idées, un groupe par siècle depuis l'origine du monde jusqu'à Pharamond, et depuis ce prince un groupe par règne des rois de France jusqu'à nos jours.

Ouvrant un traité d'histoire ou une biographie quelconque, on tombe au hasard sur un fait historique ou sur un grand personnage ; par exemple, sur le suivant : *Judith tue Holopherne.* Consultant l'époque de ce fait, on trouvera qu'il eut lieu vers le milieu du 7e siècle avant Jésus-Christ. Puis cherchant dans sa pensée la place du tableau du 7e siècle avant Jésus-Christ, on se rappellera quelques faits de ce siècle comme l'idée principale : *Joachim captif; commencement des soixante-dix semaines de Jérémie;* ou d'autres, comme *fondation de Byzance*. On rapportera le fait nouveau parmi ces faits et dans le 7e siècle.

Segrais, poète, mort en 1701. On cherche dans sa pensée le roi de France qui régnait alors : c'était Louis XIV. On rattache le poète sous ce règne. C'est ainsi que l'on réunit les contemporains, et qu'on les classe à leur siècle ou règne.

CONSIDÉRATIONS GÉNÉRALES.

Après avoir étudié les faits en eux-mêmes, et selon leur ordre chronologique, on en remarquera certains points importans, et on cherchera les rapports qu'ils peuvent avoir entre eux.

1° Ainsi, *la durée sera considérée en remarquant le commencement et la fin des choses, l'origine d'un peuple et son extinction* :

L'origine des Chinois dans le 23e siècle avant Jésus-Christ ;

L'origine des Égyptiens et des Assyriens dans le 22e siècle ;

Royaume de Sicyone dans le 21e siècle, et d'Argos dans le 19e;

Fondation d'Athènes, de Sparte et de Thèbes dans le 16e siècle;

Fondation de Carthage par Didon, dans le 9e siècle;

Fondation de Rome par Romulus, dans le 8e siècle (l'an 753);

Fondation de Bysance par Thèbes, dans le 7e siècle (658);

Fondation de Marseille par les Phocéens, dans la 6e siècle (600);

Gouvernement des juges parmi les Hébreux dans le 16e siècle; fin de ce gouvernement dans le 11e;

Gouvernement des rois dans le 11e siècle, et fin de ce gouvernement dans le 6e (l'an 587);

Gouvernement des pontifes ou grands-prêtres dans le 6e siècle; fin de ce gouvernement dans le 1er avant Jésus-Christ;

Royaume de Juda et d'Israël dans le 10e siècle (975), fin de ce dernier dans le 8e (721), et du premier dans le 6e (587);

Monarchie romaine dans le 8e siècle (753); fin de cette monarchie et fondation de la république dans le 6e (509);

Empire romain sous Auguste, dans le 1er siècle avant Jésus-Christ (29); partage de cet empire par Théodose-le-Grand, dans le 4e siècle (395); fin de l'empire d'Occident sous Romulus-Augustule, dans le 5e siècle (476), et de l'empire d'Orient sous Constantin Paléologue, dans le 15e siècle après Jésus-Christ (1453);

Invasion des barbares dans le 5e siècle; formation de l'heptarchie sous le règne de Mérovée, dans le 5e siècle, et fin, sous Louis-le-Débonnaire, dans le 9e (827);

Empire des Lombards établi en Italie par Alboin, sous le règne de Chilpéric-le-Néron, dans le 6e siècle, et détruit par Charlemagne dans le 8e;

Guerres d'Angleterre commencées sous le règne de Philippe Ier, roi de France, dans le 11e siècle, et finies sous Charles VII, dans le 15e;

Guerres d'Italie commencées sous Charles VIII, et finies sous François Ier, dans le 16e siècle, par la paix de Crépy (l'an 1544);

Guerres d'Autriche commencées dans le 16e siècle, et finies dans le 18e, par la paix d'Aix-la-Chapelle, l'an 1748;

Guerres de trente ans sous Louis XIII, dans le 17e siècle (1618), et fin de ces guerres sous Louis XIV par la paix de Westphalie, l'an 1648, etc.; guerre de sept ans (1756, 1763).

2° *L'apparition périodique des faits et personnages :*

Première guerre messénienne, dans le 8e siècle avant Jésus-Christ (743);

Deuxième guerre messénienne, dans le 7e siècle avant Jésus-Christ (684);

Troisième guerre messénienne, dans le 5e siècle avant Jésus-Christ (465);

Première et deuxième guerre punique dans le 3e siècle avant Jésus-Christ (264 et 219), et la troisième, dans le 2e siècle (146);

Les Normands, qui ont tourmenté la deuxième race

des rois de France, se sont montrés exerçant leurs ravages sous Charles-le-Chauve, Louis-le-Bègue, Louis III et Carloman, Charles-le-Gros, Eudes, Charles III, le Simple, et Raoul, et nous ferons cette remarque qu'en lutte avec les Charles, ils ont été supérieurs, et que combattant contre Louis-le-Bègue, Eudes et Raoul, ils ont été battus et repoussés.

Guillaume, archevêque de Tyr, a figuré dans la troisième et quatrième croisades ; dans la troisième comme guerrier, dans la quatrième comme instigateur, etc.

3° *Les similitudes et analogies dans les faits, noms et dates :* Vocation d'Abraham dans le 20e siècle ; vocation de Moïse dans le 16e ; fondation de Thèbes en Égypte dans le 20e siècle ; fondation de Thèbes en Grèce dans le 16e ;

Moïse passe la mer Rouge à pied sec ; Josué passe le Jourdain de la même manière ;

Othoniel délivre les Israélites de la première servitude ;

Aod les délivre de la seconde ;

Debora les délivre de la troisième ;

Gédéon les délivre de la quatrième ;

Jephté les délivre de la cinquième ;

Samson les délivre de la sixième ;

Samuel les délivre de la septième ;

Dévoûment des Fabius ;

Dévoûment des Curtius ;

Dévoûment des Décius ;

Guerre de succession d'Espagne ;

Guerre de succession de Pologne ;

Guerre de succession d'Autriche ;

Guerre de succession de Bavière ;

Manuel Comnène, empereur grec, a participé à la deuxième croisade, et Alexis Comnène, fils d'Isaac l'Ange, à la 4e ;

Dévoûment de Léonidas aux Thermopyles, en 480;

Combat naval de Salamine la même année;

Gouvernement de Périclès en 449 ;

Expulsion des décemvirs en 449 ;

Combat de Marathon en 490 ;

Siége de Rome, par les Gaulois, en 390 ;

Défaite et soumission d'Antiochus-le-Grand, roi de Syrie, en 190 ;

Childebert Ier, roi en 511 ; Dagobert II en 711 ;

Colomb découvre l'Amérique en 1492 ;

République française en 1792 ;

François Ier, roi en 1515 ; Louis XV en 1715 ; Louis XVIII en 1815 ;

Confédération helvétique en 1308 ;

Grand schisme d'Occident en 1378 :

Pragmatique-sanction en 1438 ;

Établissement de l'inquisition en Espagne, en 1478 ;

Ligue de Cambrai contre Venise en 1508 ;

Édit de Nantes en 1598 ;

Guerre de trente ans en 1618 ;

Paix de Westphalie en 1648 ;

Paix d'Aix-la-Chapelle en 1668 ;

Paix de Nimègue en 1678 ;

Autre paix d'Aix-la-Chapelle en 1748 ;

Détrônement de la famille d'Espagne en 1808.

4° *Les causes et les résultats des événemens* : La tyrannie d'Aménophis, roi d'Égypte, donna lieu à la sortie des Hébreux hors de l'Égypte, sous la conduite de Moïse, ainsi qu'à plusieurs colonies qui allèrent s'établir en Grèce, Cécrops, etc. ;

La dureté de Roboam à l'égard de son peuple détermina les dix tribus à former un royaume à part ;

L'enlèvement d'Hélène par Pâris, fils de Priam, roi de Troie, occasionna le siége et la prise de cette ville ; le retour et la vengeance des Héraclides dans le Péloponèse provoqua des émigrations qui allèrent fonder des colonies dans l'Asie-Mineure ;

L'expulsion des Pisistratides d'Athènes et celle des Tarquins de Rome sont dues aux atteintes qu'ils portèrent à la pudeur ;

L'invasion des barbares au cinquième siècle trouve sa cause dans la division et la faiblesse de l'empire romain ;

La faiblesse des derniers rois de France de la première race éleva sur le trône les maires du palais ; la même cause, dans la deuxième race, intrônisa un comte de France et de Bourgogne, Hugues-Capet, fils de Hugues-le-Grand ;

Les croisades, provoquées dans un esprit religieux, entreprises et exécutées par l'enthousiasme.

ont eu les grands résultats d'émanciper les nations, de faire passer dans l'Occident le goût oriental, d'affaiblir le régime féodal, etc.

Les causes des guerres d'Angleterre sont la défense de certains droits, l'intérêt des princes; les mêmes causes ont donné lieu à celles d'Italie. Les résultats des premières furent avantageux à la France, car elle reconquit ses provinces sur les Anglais; la royauté se fortifia, ce qui affaiblit encore le régime féodal. Les résultats de celles d'Italie, bien que désastreuses et coûteuses pour la France, ne lui furent pas cependant tout-à-fait désavantageux : ces guerres occasionnèrent un accroissement de civilisation; le goût des arts, du luxe et de l'élégance passa en France, et les idées se communiquant alors par le moyen de l'imprimerie, s'excitèrent mutuellement, s'étendirent et jetèrent enfin leur grand éclat sous le règne de Louis XIV, etc.

Au milieu de ces observations on ne doit pas oublier de remarquer que les guerres par elles-mêmes sont des fléaux pour l'humanité, et qu'elles doivent être considérées comme des immolations des nations vivantes, pour l'avantage bien qu'incertain des générations futures, et que souvent le mal l'emporte sur le bien.

5° *Rapports de contrariété*. Les fils de Jacob accablent leur frère Joseph de mauvais traitemens; celui-ci au contraire les comble plus tard de ses bienfaits. Saül agit avec emportement et cruauté à l'égard de David; David se comporte envers lui en homme patient et plein de douceur.

Asar — Addon réunit les Babyloniens aux Ninivites ; Nabopolassar réunit les Ninivites aux Babyloniens. Nabuchodonosor II est funeste aux Juifs ; Cyrus au contraire leur est favorable. Charles-le-Chauve accorde des priviléges aux grands de son royaume ; Louis XI les dépouille de ces priviléges. Henri IV se montre favorable aux protestans ; Louis XIV lance contre eux des arrêts de persécution , etc.

6° *Rapports généalogiques.* (La ligne horizontale continue signifie *père ;* le signe — signifie *union , mariage ;* le signe ⋈ signifie *fils,* et le signe ⊖ signifie *fille.*)

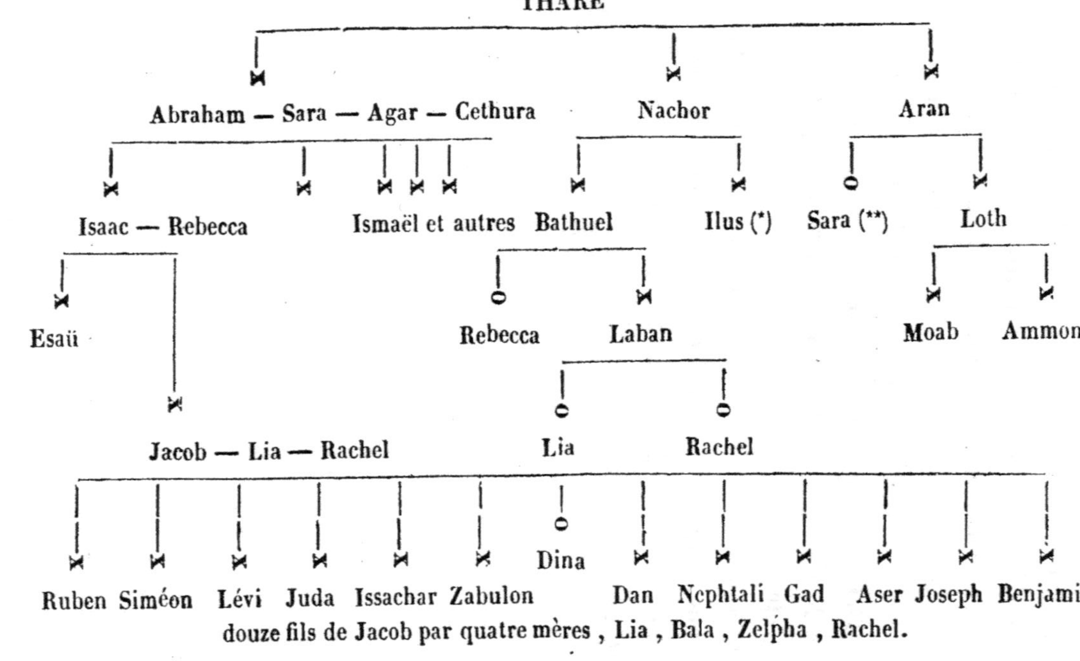

(*) Dont quelques-uns font sortir Job.

(**) Femme d'Abraham que quelques-uns disent sa sœur.

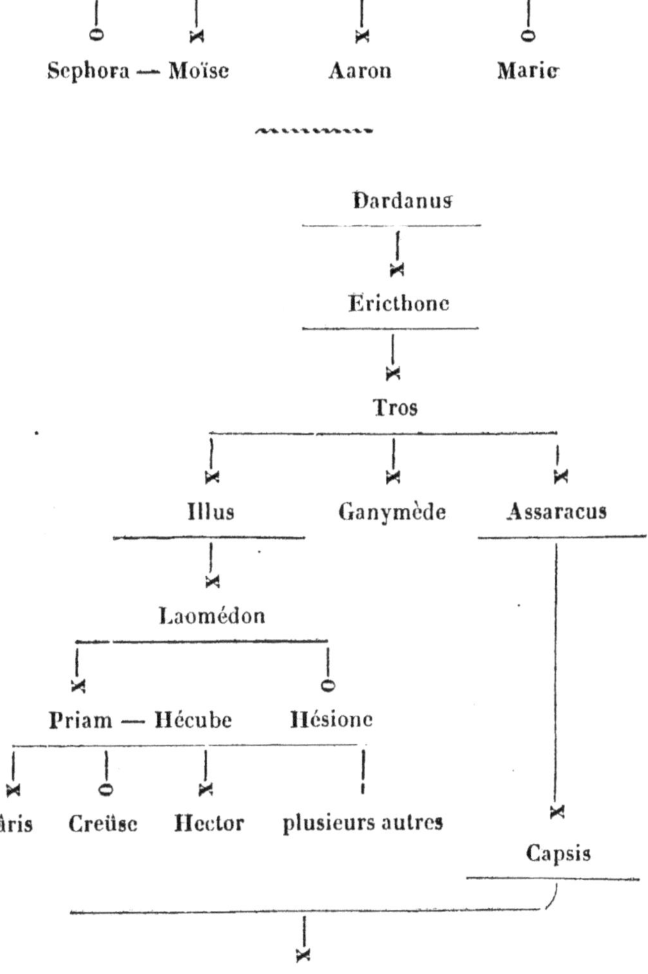

(Voyez à la page suivante.)

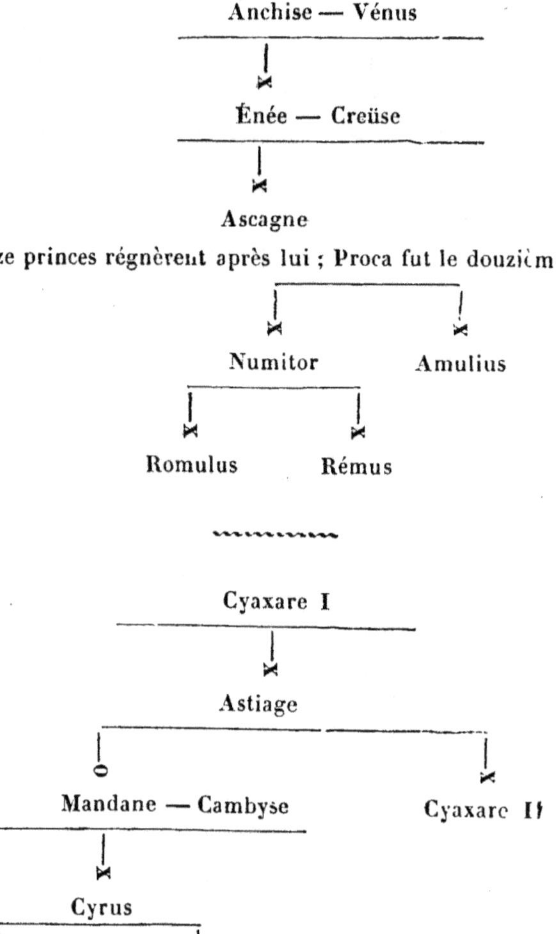
Anchise — Vénus
Énée — Creüse
Ascagne
Douze princes régnèrent après lui ; Proca fut le douzième.
Numitor
Amulius
Romulus
Rémus
Cyaxare I
Astiage
Mandane — Cambyse
Cyaxare II
Cyrus
Cambyse
Smerdis

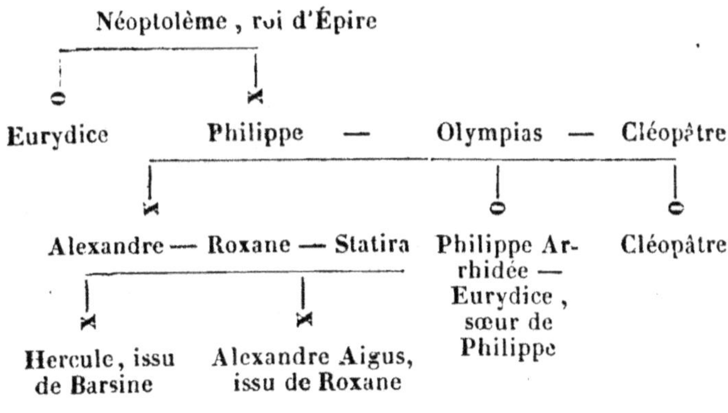
Néoptolème, roi d'Épire
Eurydice
Philippe — Olympias — Cléopâtre
Alexandre — Roxane — Statira
Philippe Arrhidée — Eurydice, sœur de Philippe
Cléopâtre
Hercule, issu de Barsine
Alexandre Aigus, issu de Roxane

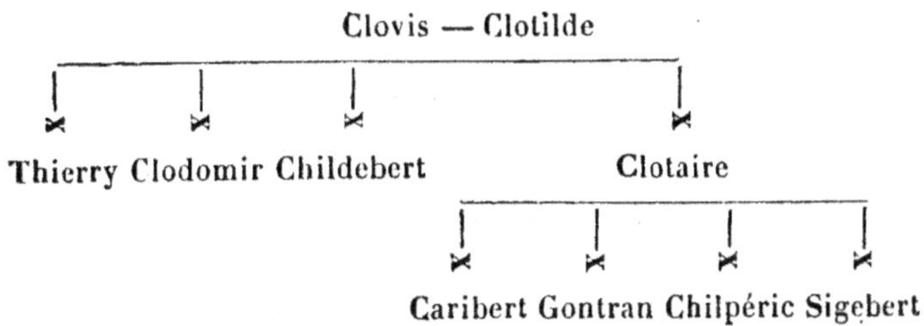
Clovis — Clotilde
Thierry
Clodomir
Childebert
Clotaire
Caribert
Gontran
Chilpéric
Sigebert

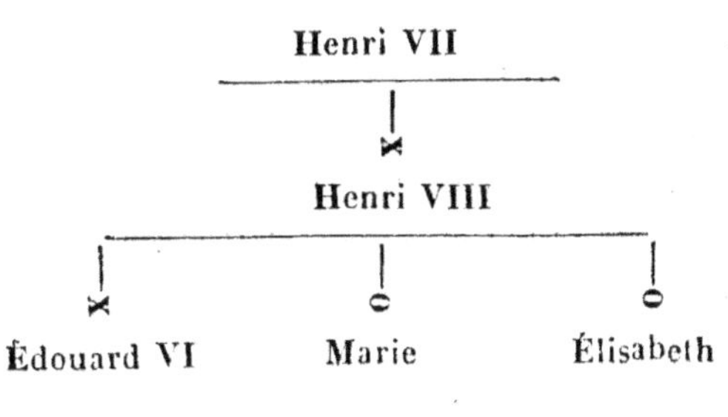
Henri VII
Henri VIII
Édouard VI
Marie
Élisabeth

7° *Remarquer les rapports analogiques dans les grandes destinées.*

Le brave et généreux Coligny est massacré, trahi par sa confiance ; Henri III et Henri IV sont percés d'un poignard ; Galilée est jeté dans un cachot pour ses connaissances astronomiques ; Descartes, le premier des modernes qui ait osé aborder le sanctuaire d'une nouvelle philosophie , se voit accablé d'insultes et de persécutions; Racine meurt de chagrin pour avoir déplu à son prince ; Molière périt suffoqué de sang , victime de son génie ; Jean-Baptiste Rousseau subit le bannissement ; Jean-Jacques a souvent à lutter contre les nécessités de la vie, et, entouré d'ennemis, dès qu'il eut répandu dans le monde ses idées neuves et profondes , il est obligé de s'enfuir ; Voltaire est d'abord conduit à la Bastille, et, s'il a vu sa tête couronnée de lauriers , ce n'est pas sans avoir bu plus d'une fois dans la coupe de l'amertume; Louis XVI périt sur l'échafaud ; et le Grand Homme , après avoir rempli l'univers de son nom , tombe du haut de sa grandeur , et, victime de la perfidie , est jeté , pour qu'il y meure , sur un roc séparé du monde. Enfin , si nous parcourons les anciens , que d'exemples nombreux de tristes destinées !

Hector , la gloire des Troyens , subit une mort affreuse ; Didon se précipite dans les flammes ; Sardanapale finit ses jours de la même manière ; Cambyse meurt d'une blessure qu'il s'est faite involontairement en montant à cheval ; Miltiade meurt en prison, où il est jeté par l'ingratitude ; Ésope est précipité du haut d'un rocher; Euripide est attaqué et mangé par des chiens ; Socrate, accusé par des gens méprisés, des gens de néant, est condamné à boire la ciguë ; Alexandre périt peut-être du poison ; Démosthènes et Phocion, après avoir rendu des services signalés à leur patrie, sont réduits à mourir de la même manière ; Archimède est tué sur ses opérations mathématiques par un soldat brutal ; Régulus subit des tourmens affreux, pour prix de son patriotisme ; Annibal se détruit par le poison ; Lucrèce, devenu frénétique par suite d'un philtre que sa trop affectueuse Lucilia lui fit prendre pour se l'attacher davantage, se donne lui-même la mort ; César est assassiné en plein sénat ; Ovide, exilé, va pousser sur les bords de la mer Noire les accens de sa tristesse ; Sénèque, forcé de choisir son genre de mort, a les veines percées, et comme il mourait trop lentement, il est étouffé dans un bain chaud ; Pline devient la proie d'un volcan, et, avant ces trois hommes célèbres, Cicéron, après avoir fourni la plus brillante carrière, est mis en pièces par des assassins, et sa tête est suspendue à cette même tribune qui avait retenti si longtemps de sa prodigieuse éloquence.

C'est ainsi qu'en parcourant les faits de ce genre on arrive à cette proposition, qu'en général les grands malheurs marchent à la suite des grands noms.

C'est par ces considérations qu'on apprécie justement les faits, qu'on généralise les idées, et qu'on les simplifie. C'est ainsi que l'on se met à même de porter des jugemens et d'établir des raisonnemens. Connaître bien les choses en elles-mêmes et les mettre en rapport, voilà les premières opérations du logicien ; puis le raisonnement peut s'exercer et s'étendre avec tout l'avantage possible. Ce n'est pas tant les faits qu'il importe de connaître en eux-mêmes, mais l'instruction que l'on en peut tirer ; la science morale qui forme l'homme et qui lui apprend la règle qu'il doit suivre et le caractère qu'il doit prendre au milieu des événemens humains, voilà le but important des études en histoire. Mais la science des faits lui est indispensable. Il faut qu'il les connaisse tels qu'ils ont été, sans quoi ses raisonnemens porteraient sur des mensonges et les rempliraient de faussetés. La connaissance exacte des choses et de leurs rapports sont les seuls et vrais matériaux de l'homme qui raisonne.

Genre Dramatique.

Le genre narratif a bien ses avantages et son attrait. Celui-ci ne sera ni moins instructif ni moins amusant. D'abord, il donnera lieu à un plus grand développement d'activité, et de là peut-être impressions plus vives et plus nombreuses, et par conséquent plus grande acquisition de connaissances. Ce genre conviendra surtout au naturel des enfans qui aiment le mouvement, l'action, et ils l'aiment sans doute parce qu'un tel état est demandé par leurs dispositions organiques; aussi, dans l'invention d'une méthode, devrait-on toujours tenir compte des facultés physiques et les concilier avec les facultés intellectuelles; car celles-ci ne se développent autant qu'elles en sont susceptibles, que lorsque les premières sont satisfaites, qu'elles sont exercées convenablement à leur nature.

Le genre dramatique que nous allons indiquer remplira toutes ces conditions. Fournissant à la jeunesse un appât que demande en elle un besoin physique, ce genre ne pourra que développer ses dispositions naturelles. C'est toujours en présentant aux sens des objets sensibles qu'on cherche à les exciter : corps saisissables, acteurs réels, actions, gestes, voix, déplacemens, tout va être mis en usage dans le genre qui nous occupe et dont nous allons faire voir une application nouvelle.

Application à l'histoire sainte et aux histoires qui en sont contemporaines.

Le genre dramatique peut être pratiqué dans l'étude de l'histoire ancienne, et voici de quelle manière.

Les vingt-neuf faits historiques que nous avons choisis pour servir d'idées centrales aux événemens passés depuis la création jusqu'à Pharamond, étant tous présidés ou conduits par un grand personnage, nous prendrons ces grands personnages pour acteurs. Ils nous apprendront eux-mêmes leur propre vie et tous les événemens de leur siècle. Ces nouveaux acteurs joueront le même rôle pour nous apprendre l'histoire ancienne , que les rois de France pour nous apprendre l'histoire du moyen-âge et moderne.

Mêmes considérations dans la distribution des rôles que pour les rois de France, c'est-à-dire que le caractère de l'acteur se rapprochera, autant que possible, de celui du personnage qu'il devra représenter. (Voyez les pages relatives aux rois de France.)

Ces acteurs seront placés à l'ouest de la salle, de la même manière que nos figures dans le genre narratif. Ils représenteront par leur position ordinale la forme de ces figures et le placement des petits cadres.

Voici la liste des personnages à représenter correspondans aux siècles dans lesquels ils ont vécu :

Adam	40e s. av. J.-C.
Noé..........................	24e
Héber	23e
Tharé	22e
Abraham.....................	21e
Abraham encore	20e
Jacob	19e
Joseph	18e
Joseph encore...............	17e
Moïse........................	16e
Josué	15e

Débora	14e s. av. J.-C.
Gédéon	13e
Samson	12e
Saül	11e
Roboam	10e
Joram ou *Athalie*	9e
Ezéchias	8e
Joachim ou *Nabuchodonosor*.	7e
Zorobabel ou *Cyrus*	6e
Néhémias	5e
Jaddus	4e
Ptolémée Philadelphe	3e
Eléazar, martyr	2e
Jésus-Christ, excepté	1er

On racontera son histoire.

Siècles après Jésus-Christ.

Nous prendrons pour acteurs les martyrs suivans :

Saint Pierre	1er s. ap. J.-C.
Saint Irénée	2e
Saint Denis	3e
Saint Vincent ou *Constantin-le-Grand*	4e

Ces personnages, ressuscités dans la personne des élèves, raconteront leur propre histoire et celle de leur siècle.

Les élèves composeront eux-mêmes ces narrations

historiques (voir les règles à observer pour les rois de France) ;

Ou bien ils donneront celles du traité d'histoire qu'ils auront en main, substituant aux pronoms de la troisième personne ceux de la première, quand ils parleront d'eux-mêmes.

Ou bien enfin ils liront textuellement ces narrations dans leur traité, parlant d'eux-mêmes comme d'une troisième personne.

Même ordre à suivre dans ces nouvelles études que celui qui est indiqué dans le genre narratif, c'est-à-dire que les acteurs prendront la parole successivement, à partir de l'origine du monde, faisant d'abord connaître leur siècle ; rapportant ensuite sommairement les événemens de l'histoire sainte, puis les développant, et puis enfin rapportant et développant de la même manière les événemens contemporains. A cette fin, pratiquer nos trois procédés.

EXERCICES.

PREMIER PROCÉDÉ.

Le premier acteur dira : *Je suis Adam, vivant dans le 40e siècle avant Jésus-Christ.*

Le second dira : *Je suis Noé, vivant dans le 24e siècle.*

Le troisième dira : *Je suis Héber, vivant dans le 23e siècle.*

Le quatrième dira : *Je suis Tharé, père d'Abraham, vivant dans le 22e siècle.*

Ainsi des autres. Il faut au moins autant d'acteurs qu'il y a de siècles dans la figure.

DEUXIÈME PROCÉDÉ.

Savoir reconnaître tel acteur, ainsi que son siècle.

TROISIÈME PROCÉDÉ.

Les acteurs étant déplacés et mêlés, savoir les replacer.

PREMIER PROCÉDÉ.

Puis le premier acteur lira ou récitera les sommaires de l'histoire sainte, le deuxième de même, le troisième de même, etc.

DEUXIÈME PROCÉDÉ.

Savoir retrouver un fait demandé.

TROISIÈME PROCÉDÉ.

Les faits étant écrits sur des cartes, savoir les distribuer chacun à son roi.

Après cet exercice, le premier acteur développera les faits, le second et le troisième de même, etc.

Les développemens donnés, on relira les sommaires et on pratiquera les deux autres procédés, c'est-à-dire qu'on ira retrouver un fait demandé, et que les faits étant écrits sur des cartes, on les mêlera et on les rendra chacune à son acteur.

Même marche pour les faits des histoires profanes contemporaines.

L'histoire qui se rattache à la première figure étant connue, on pratiquera les mêmes exercices sur les deux suivantes successivement.

Application à l'histoire de France et aux histoires qui en sont contemporaines.

Tous les rois de France représentés par la personne des élèves racontent eux-mêmes leurs propres actions et les événemens de leur règne. Je feins de procéder. Vingt-deux rois composant la première race dite mérovingienne, je prends vingt-deux élèves pour les représenter. Dans la distribution des rôles, je consulte l'air, l'expression de l'individu pour faire représenter chaque roi par un acteur qui lui ressemble le plus par son extérieur, son caractère. J'imite en cela un distributeur judicieux des rôles dans une pièce dramatique, qui fait en sorte que le personnage représenté se retrouve autant que possible dans la taille, le geste, le caractère de l'acteur. Par exemple, je ferai représenter Clovis par un élève actif, intelligent, d'un air ambitieux et même cruel; Thierry, par un élève plein de douceur, ami de la paix; Pepin-le-Bref, par un élève de petite taille, mais de forte constitution et d'une humeur active et audacieuse; Charlemagne par un élève de belle taille et d'un air de dignité. On trouvera dans les traités d'histoire de France le portrait de chaque roi sous le rapport moral et physique.

J'apporte la même précaution dans la distribution des rôles pour la deuxième et troisième race.

PREMIÈRE LEÇON.

Voilà donc nos acteurs choisis. Maintenant je dis à mes élèves, qui sont acteurs et spectateurs à la fois : Considérez, Messieurs, les trois faces de la salle ; voilà celle du *Nord*, celle de l'*Est* et celle du *Sud*. Eh bien ! la première race sera placée au *Nord ;* la deuxième à l'*Est*, et la troisième au *Sud*.

Disposez les acteurs de manière qu'ils représentent nos figures, et les petits tableaux sur ces figures. (Voyez planche II.)

Il faut au moins autant d'élèves qu'il y a de rois dans une race.

Les acteurs, rangés de la sorte, figurent la chaîne royale, selon l'ordre de succession. Ce sont les rois eux-mêmes ressuscités qui viennent nous apprendre de leur bouche les événemens passés sous leur règne en France et ailleurs. Ce qu'ils vont nous dire sera donc bien intéressant, puisque, juges impartiaux d'eux-mêmes, ils se feront connaître à nous tels qu'ils ont été, nous avouant leurs vertus, leurs vices, leurs connaissances et leurs erreurs, se caractérisant fidèlement, en un mot, sous le rapport moral et intellectuel ; puisqu'ils nous raconteront encore les événemens dont ils auront été les témoins, et arrivés en Angleterre, en Espagne, en Portugal, dans l'empire d'Orient, etc.

EXERCICES.

NOMENCLATURE DES ROIS.

PREMIER PROCÉDÉ.

Les rois de chaque siècle en particulier se nomment eux-mêmes successivement à haute voix, en prononçant leur surnom. Quant aux adjectifs qui sont entre deux parenthèses sur les tableaux, on ne les prononce pas. Leur usage, c'est de faire perdre aux noms des rois leur abstraction, en exprimant une de leurs qualités.

DEUXIÈME PROCÉDÉ.

Savoir les reconnaître à leur place.

TROISIÈME PROCÉDÉ.

Étant déplacés, savoir les replacer.

Pratiquer les mêmes procédés sur l'ensemble des rois d'une race.

Exercices divers.

Les rois de deux siècles changent de place ; un élève, qui n'a point vu ce déplacement, doit le reconnaître.

Deux rois seulement de deux siècles changent de place. Reconnaître ce déplacement.

Tous les acteurs quittent leur place ; un élève parcourt les places vacantes , et dit : Voilà la place de tel roi , de tel autre , etc.

AVÉNEMENT ET DURÉE DES RÈGNES.

Pratiquez les trois procédés sur les chiffres des avénemens , et connaissant ces chiffres , on trouvera , à l'aide d'un léger calcul , la durée de tous les règnes. Dans le premier procédé , le roi lui-même prononce le chiffre. Exemple :

La place qu'occupent les rois faisant connaître facilement le siècle auquel chacun d'eux appartient , il n'y aura qu'à considérer les deux derniers chiffres du nombre qui marque l'avénement. Ainsi , Pharamond prononcera 420 en passant légèrement sur le nombre 4 , et prononçant fortement le nombre 20. Ainsi des autres.

Pratiquer sur ces deux derniers chiffres les trois procédés.

GRAND EXERCICE.

Un bandeau est appliqué sur les yeux d'un élève ; un roi se présente à lui , fait entendre le son de sa voix. L'élève devra le reconnaître avec toutes ses dénominations : qu'il appartient à tel siècle , qu'il a succédé à tel roi , qu'il est précédé de tel autre , qu'il est monté sur le trône en telle année , ayant tel numéro d'ordre dans la série totale , dans la race et dans le siècle. Si l'élève ne fait faute, le bandeau lui est ôté et est appliqué à un autre.

FAITS HISTORIQUES.

Voici maintenant le lieu d'entrer dans la connaissance des faits. Les rois vont donc prendre la parole et nous instruire eux-mêmes de leurs propres actions et des événemens de leur règne. Ils se peindront, se caractériseront aussi dans leur narration, nous faisant connaître leur véritable état moral, leur capacité et leurs mœurs. Nous allons donc entendre autant de narrations qu'il y a de rois, offrant chacune un portrait empreint d'un caractère particulier. Mais par qui seront composées ces narrations ? Nous proposons de les faire rédiger par les élèves. Ce travail leur sera d'autant plus instructif, qu'ils seront obligés d'étudier avec plus de soin l'histoire du règne qui leur sera répartie. Ils auront d'ailleurs sur le tableau, avec leur chronologie, le sommaire des événemens qu'ils devront développer. Leur rédaction doit être l'histoire fidèle, offrant les portraits les plus exacts. Les élèves des classes supérieures, même ceux de quatrième, et les élèves des écoles primaires, qui auraient quelque esprit et quelques connaissances de leur propre langue, seraient capables de ce travail. Ils pourraient même rédiger les narrations de leurs condisciples les plus faibles. Au reste, ils auront un maître qui les guidera dans ces sortes de compositions.

Voici les règles à observer :

1° Bien saisir le caractère, le moral du roi, le peindre dans la narration ;

2° Développer les grands événemens avec clarté, précision et brièveté, en marquer les causes et les effets ;

3° Passer légèrement sur les faits de peu d'importance ;

4° Jeter dans ces narrations des réflexions morales, politiques, et quelquefois plaisantes, selon la nature du sujet; et cela, pour caractériser quelque point d'histoire, afin de l'imprimer plus fortement dans la mémoire; en un mot, chercher à rendre frappantes les choses qui doivent fixer plus particulièrement l'attention ;

5° Faire précéder la narration du règne d'une conclusion en peu de mots, ou l'exposer à la fin.

Telles sont les règles générales à suivre dans la composition de ces narrations.

Si ce travail se trouvait au-dessus de la capacité des élèves, ce qui peut avoir lieu dans une école primaire, il est d'autres moyens de leur faire raconter leur propre histoire. On prend un abrégé d'histoire de France, et les élèves, aux pronoms de la troisième personne, substitueront ceux de la première : ce seront encore les rois eux-mêmes qui parleront; ou bien on fera usage du mode d'interrogation, et on donnera les réponses du livre aux questions mêmes du livre, en substituant toujours les pronoms de la première personne à ceux de la troisième.

Enfin, le plus facile des moyens, mais qui rentre en partie dans le genre narratif, c'est de faire lire par chaque acteur l'histoire du roi qu'il représente, parlant de lui-même comme d'une troisième personne.

Reste à parler de l'ordre selon lequel on fera narrer les rois : d'abord, ils feront l'histoire de leur règne selon l'ordre de succession, et siècle par siècle. Les exercices suivans fixeront mieux que toute autre explication.

EXERCICES.

PREMIER PROCÉDÉ.

Pharamond lit ou récite ce qui est écrit sur son tableau, en ces termes :

« Je suis Pharamond, roi en 420 ; on me croit fils de Théodomir, auquel je succédai.

» Domination des Francs dans la Gaule ; la puissance des Romains s'y affaiblit. On m'attribue la publication de la loi salique qui exclut les femmes du trône. »

Tous les rois du 5e siècle donnent ainsi successivement le sommaire des faits de leur tableau, et puis chacun d'eux les développe.

Mais tous les rois seront-ils les propres narrateurs de leur vie et des événemens de leur règne ? Non : les plus remarquables seront exempts de cette obligation ; ce sera un hommage rendu à leur dignité, à leur grandeur. Ils donneront seulement le sommaire des faits de leur règne , et puis ils diront : Lisez mon histoire. Le maître ou un élève désigné pour lecteur, en lira les développemens; et à mesure que les élèves entendront le récit des faits, ils les rattacheront avec grand succès au règne sous lequel ils auront eu lieu , puisqu'ils verront les rois. Ainsi ils les classeront sans peine à leur époque , leur race , leur branche, etc.

Les rois qui jouiront de ce privilége seront : Clovis, Charlemagne , Philippe II Auguste , saint Louis, Louis XI, Louis XII, Henri IV , Philippe IV le Bel, Louis XIV, Napoléon, Louis XVIII et Louis-Philippe.

Après avoir entendu de la bouche du roi lui-même le récit de ses actions et des événemens de son règne, on en lira une histoire plus développée. Cette lecture sera d'autant plus profitable et intéressante que l'on en connaîtra déjà la substance; que l'on aura sous les yeux la race , la branche , le roi auxquels il faudra les rapporter.

DEUXIÈME PROCÉDÉ.

Retrouver les faits énoncés simplement.

TROISIÈME PROCÉDÉ.

Ces faits étant écrits sur des cartes, les rendre au roi auquel ils appartiennent.

Mêmes procédés sur les autres colonnes des tableaux, si du moins on fait marcher les histoires contemporaines concurremment avec l'histoire de France.

EXERCICES DIVERS.

Un roi fait son histoire ; un élève sur les yeux duquel on aura appliqué un bandeau devra le reconnaître.

Autre.

Un roi rapportera seulement quelques faits de son règne ; l'élève reconnaîtra sous quel roi.

Autre.

Plusieurs rois donnent ensemble quelques faits de leur règne ; savoir rapporter ces faits chacun à son règne.

Mêmes exercices sur chaque siècle en particulier, et puis sur l'ensemble des règnes de tous les siècles.

(S'adresser toujours à un élève qui ne fait qu'entendre.)

Un roi, n'importe de quel siècle, fait son histoire ; l'élève doit le reconnaître.

Autre.

Un roi donne, sans les développer, quelques faits de son règne ; savoir les rapporter à son règne.

Autre.

Plusieurs rois de siècles différens donnent chacun un fait de leur règne ; savoir rapporter ces faits chacun à son règne.

CONSIDÉRATIONS GÉNÉRALES.

Elles consistent à faire les observations comparatives que nous avons indiquées dans la première partie (voir page 51).

Nous avons démontré dans la théorie de la méthode que les objets matériels, les corps, les formes, les rapports physiques, affectaient le plus vivement nos sens, et que de là nos souvenirs devenaient plus nombreux et plus durables; que l'idée des personnes que nous avions fréquentées restait dans notre mémoire avec celle de leurs manières d'être, habitudes, lieux d'habitation, parens, amis, etc. N'est-ce pas ce qu'il s'agit d'apprendre dans la personne de nos acteurs? Ce sont autant d'individus qui se montrent à nous sous leurs diverses formes; on les voit, on les entend; ils se manifestent sous leurs diverses expressions; ils font entendre leur voix avec ses divers accens; ils tiennent toujours le même langage, occupent toujours le même lieu, et se trouvent dans des rapports d'ordre toujours les mêmes avec ce qui les suit et ce qui les précède. Voilà donc toutes les conditions réunies pour faire éprouver à nos sens de fortes impressions; voilà ce qui fournit à notre mémoire des connaissances nombreuses, presque indélébiles, et d'acquisition facile. Ce sont absolument des personnes parmi lesquelles nous vivons qu'il s'agit de connaître dans tous leurs rapports et selon toutes leurs manières d'être.

AUTRE MOYEN D'ÉTUDIER L'HISTOIRE

Et qui rentre dans le genre dramatique.

Que chaque élève rapporte l'histoire d'un seul peuple : le premier rapportera l'histoire des Hébreux ; le second , l'histoire des Chinois ; le troisième , l'histoire des Égyptiens ; le quatrième, l'histoire des Assyriens ; le cinquième , l'histoire des Grecs , etc.

DEVOIRS. — RÉDACTIONS.

Lecteur, choisis parmi nos différens moyens, mais n'use pas de deux sur les mêmes élèves. Quant aux succès que tu recherches, nous ne pouvons te dire jusqu'à quel point ils peuvent monter par la pratique du genre dramatique , ne l'ayant point mis en usage ; mais nous pouvons te garantir qu'il seront immenses, si tu pratiques le genre narratif. C'est l'expérience qui nous autorise à faire cette promesse.

CHAPITRE II.

Application à l'histoire ancienne et autres, en pratiquant les exercices sur les figures représentées dans notre atlas.

Il n'est pas nécessaire que nous assignions à chaque classe en particulier les exercices à pratiquer avec leurs objets : nous l'avons déjà fait dans le chapitre précédent. Seulement, nous indiquerons en peu de mots la marche que l'on devra suivre.

Établissons d'abord cette règle :

Pratiquez autant que possible, sur les figures tracées sur nos tableaux conservés en feuille, tous les exercices indiqués dans les pages précédentes.

Faisons quelques applications.

Chaque élève étant muni d'un atlas cartonné, le professeur dira : (classe de sixième, je suppose.)

Jetez vos regards sur le premier tableau : considérez la figure que forme la disposition des petits cadres : c'est une espèce de V ouvert à l'angle. Vous en remarquez un à chaque extrémité de la branche gauche, et trois au milieu. Même disposition sur la branche droite.

Chaque petit cadre représente un siècle. Reconnaissons ces siècles.

Le premier, *c'est le* 40e siècle avant J.-C.; le suivant au-dessous *c'est le* 24e *siècle*; le suivant, *c'est le* 23e; puis *le* 22e; *le* 21e; *le* 20e; *le* 19e; *le* 18e; *le* 17e; *et le* 16e; toujours avant J.-C.

Le professeur ·

Fixez-vous bien sur les siècles des extrémités: *le* 40e, *le* 21e, *le* 20e, *le* 16e.

DEUXIÈME PROCÉDÉ.

Les atlas étant fermés, demander aux élèves à quel endroit de la figure se trouve placé tel siècle.

Les siècles étant écrits sur des cartes, les replacer sur les petits cadres.

On passera ensuite au classement des faits principaux de cette sorte.

PREMIER PROCÉDÉ.

Le professeur :

Au 40e *siècle*, nous rattachons ce fait: *Création du monde; Adam et Ève.*

Au 24e..... Voyez la nomenclature de ces faits. (Page 25.)

DEUXIÈME PROCÉDÉ.

L'élève retrouvera un fait demandé.

Question : En quel siècle tel fait ?

Quel est le fait de tel siècle ?

Citez-les tous, même en remontant vers la création.

TROISIÈME PROCÉDÉ.

Les faits étant écrits sur des cartes, placez ces cartes sur les petits cadres.

Cela fait, le professeur tracera sur le tableau noir la figure........ (Voir les pages 22 et suivantes, où l'on trouvera toutes les observations nécessaires.)

Il est inutile de répéter ici tous les exercices ; ils sont les mêmes que les précédens. Il n'y a que leur théâtre qui change : ici ils se pratiquent sur les figures de nos tableaux, non découpés et par conséquent immobiles ; plus haut ils se pratiquent sur des figures formées au moyen de règles ou bandes sur lesquelles sont échelonnés nos petits tableaux cartonnés, et par conséquent mobiles.

CHAPITRE III.

Usage de nos tableaux dans les classes d'enseignement mutuel.

Nos tableaux étant collés sur carton dans toute la grandeur de la feuille, placez-les autour de la salle de la même manière que nous y avons placé nos figures, formées au moyen de règles ou bandes.

Cette espèce de localisation est nécessaire, d'après un de nos principes, qui porte que l'idée des lieux rappelle les choses qui les occupent.

Le moniteur et son groupe en face du premier tableau :

HISTOIRE SAINTE.

Vous voyez, Messieurs, cette figure. C'est une espèce de V ouvert à l'angle... (Voyez page 23, pour les paroles que le moniteur doit tenir à ses élèves.)

Au reste, nous le répétons, pratiquez autant que possible sur nos tableaux non découpés les exercices que nous avons détaillés. Les explications données précédemment suffiront pour guider le moniteur.

Pour nous résumer, disons encore :

1° Qu'il faut d'abord localiser les tableaux sur les faces libres de la salle ;

2° Qu'il faut faire remarquer aux élèves la forme de la figure ;

3° Qu'il faut leur faire reconnaître les siècles en pratiquant nos procédés ;

4° Qu'il faut rattacher à ces siècles les faits principaux de l'histoire qui est prise pour terme de comparaison en pratiquant nos trois procédés ;

5° Que l'on entrera ensuite dans l'étude des développemens ;

6° Qu'on les liera entre eux par tous les rapports que l'on pourra découvrir ;

7° Qu'après l'étude des développemens, on relira les sommaires ;

8° Qu'un travail à rapporter sera donné aux élèves. (Voir ce qni précède.)

Autres explications ne pourraient être que des répétitions.

CHAPITRE IV.

Application à toutes sortes de nomenclatures,

Les nomenclatures, si rebelles à la mémoire naturelle, deviennent très-saisissables au moyen de nos principes. Enchaînant sur un plan physique , en des places successives, les termes de la nomenclature, on les retrouve à volonté et selon leur ordre ordinal. C'est toujours l'effet du rapport de contiguïté que nous obtenons , effet d'acquisition facile dans les matières les plus abstraites.

Nous n'avons pas besoin de former de nouveaux systèmes de localité ; ceux que nous avons établis déjà nous serviront assez avantageusement. Je suppose qu'il s'agisse de classer les rois d'Angleterre.

On n'aura qu'à réunir les rois contemporains de la France et de l'Angleterre en un même lieu. Déjà des places successives sont établies pour les rois de France. Réunissez en ces mêmes places les rois contemporains ; exemple : Egbert , Ethelwolf , ayant commencé de régner sous Louis 1er le Débonnaire , ces deux rois seront placés dans la case de ce dernier. Ethelbald, Ethelbert, Ethelred 1er et Alfred-le-Grand, ayant commencé de régner sous Charles II, le Chauve, ils seront aussi placés dans sa case ; ainsi des autres.

Bien que dans certaines cases des rois de France, il se trouve réunis plusieurs rois étrangers, il sera toujours très-facile de retrouver leur numéro d'ordre; et pour cela on n'aura qu'à remarquer leur nombre dans chacune d'elles, nombre qui ne sera point si élevé qu'on ne puisse en retrouver les numéros. Au reste, on pourrait faciliter cette recherche, soit en écrivant les termes sur deux lignes en forme de triangle, ou de rectangle, de manière à s'en représenter distinctement l'ordre, soit en prenant des points fixes qui diviseraient régulièrement les nombres des souverains, comme on prend des jalons pour diviser la distance. Ces points seraient autant de points d'arrêt, d'où l'on compterait les numéros précédens et suivans.

Les nomenclatures des souverains, établies de la sorte, offrent le double avantage, 1° de faire connaître le rang qu'occupe le personnage dans la série totale; 2° de réunir les contemporains, ce qui est le plus utile.

NOMENCLATURE DES ROIS D'ANGLETERRE, ET DATES DE LEUR AVÉNEMENT AU TRONE.

Nos d'ordre.	NOMS.	SURNOMS.	DATES.
1	*Egbert.*	»	828.
2	Ethelwolf.	»	S38.
3	Ethelbalt.	»	855.
4	Ethelbert.	»	861.
5	Ethelred I.	»	866.
6	*Alfred.*	*Le Grand.*	877.
7	Édouard I.	*L'Aîné.*	900.
8	Athelstan.	»	925.
9	Edmond I.	»	941.
10	Edred.	»	946.
11	Eduy.	»	955.
12	Edgard.	»	957.
13	Édouard II.	*Le Martyr.*	975.
14	Ethelred II.	»	978.
15	Edmond.	*Côtes-de-Fer.*	1016.
16	*Canut.*	*Le Grand.*	1017.
17	Harold I.	»	1035.
18	Hardicanut.	»	1039.
19	*Édouard.*	*Le Confesseur.*	1041.
20	Harold II.	»	1066.
21	*Guillaume I.*	*Le Conquérant.*	*id.*
22	Guillaume II.	*L'Écolier.*	1087.
23	*Henri I.*	»	1100.
24	Étienne.	»	1135.
25	*Henri II.*	*Plantagenet.*	1154.
26	*Richard I.*	*Cœur-de-Lion.*	1189.
27	*Jean.*	*Sans-Terre.*	1199.
28	Henri III.	»	1216.
29	*Édouard I.*	»	1272.
30	*Édouard II.*	*De Carnarvon.*	1307.
31	*Édouard III.*	»	1327.

N^os^ d'ordre.	NOMS.	SURNOMS.	DATES.
32	Richard II.	»	1377.
33	*Henri IV.*	»	1399.
34	*Henri V.*	»	1413.
35	*Henri VI.*	»	1422.
36	Edouard IV.	»	1461.
37	Edouard V.	»	1483.
38	Richard III	*Le Bossu.*	*id.*
39	*Henri VII.*	»	1485.
40	*Henri VIII.*	»	1509.
41	*Edouard VI.*	»	1547.
42	*Marie.*	»	1553.
43	*Elisabeth.*	»	1558.
44	*Jacques I.*	»	1603.
45	*Charles I.*	»	1625.
	Interrègne (1649-1652). — Olivier Cromwel, lord protecteur (1652). — Richard Cromwel, son fils (1658).		
46	*Charles II.*	»	1660.
47	*Jacques II.*	»	1685.
48	*Guillaume III, de Nassau et Marie.*		1689.
49	*Anne.*	»	1702.
50	*Georges I.*	»	1714.
51	*Georges II.*	»	1727.
52	*Georges III.*	»	1760.
53	*Georges IV.*		
54	Guillaume IV.	»	1830.

NOMENCLATURE DES ROIS DE PORTUGAL ET DATES DE LEUR AVÉNEMENT.

1	*Alfonse I.*	*Le Conquérant.*	1140.
2	Sanche I.	»	1185.
3	Alphonse II.	*Le Gros.*	1211.
4	Sanche II.	*Le Capel.*	1223.

Nˢ d'ordre.	NOMS.	SURNOMS.	DATES.
5	Alfonse III.	»	1248.
6	Denys.	*Le Laboureur.*	1279.
7	Alfonse IV.	*Le Brave.*	1325.
8	*Pedro I.*	*Le Juste.*	1357.
9	*Ferdinand.*	*Le Beau.*	1367.
10	*Jean I.*	*Le Grand.*	1383.
11	Edouard.	*L'Éloquent.*	1433.
12	Alfonse V.	*L'Africain.*	1438.
13	*Jean II.*	*Le Parfait.*	1481.
14	Emmanuel.	*Le Bienheureux.*	1495.
15	*Jean III.*	*D'heureuse mémoire.*	1521.
16	*Sébastien.*	*Le Désiré.*	1557.
17	Henri.	*Le Chaste.*	1578.
18	Antoine.	»	1580.
19	*Philippe II.*	*Roi d'Espagne.*	*id.*
20	*Philippe III.*	»	1598.
21	*Philippe IV.*	*Perd le Portugal.*	1621.
22	*Jean IV.*	*Le Restaurador.*	1640.
23	Alfonse VI.	*Le Victorieux.*	1656.
24	Pedro II	»	1683.
25	Jean V.	*Le Magnanime.*	1706.
26	Joseph.	»	1750.
27	Maria I.	»	1777.
»	Pierre III.	»	1777.
28	Jean VI.	»	1816.
29	Pedro IV abdique en faveur de Maria II.		1826.
30	Maria II.	»	1826.
31	Miguel (1).		1828.

(1) Il est déclaré régent du royaume par don Pedro en 1827, s'empare de la couronne, est chassé du Portugal en 1833.

ASSYRIE.

22e siècle av. J.-C. — *Nembrod* fonde le royaume d'Assyrie.
21e » Ninus.
» » *Sémiramis*, sa femme.
» » Ninias, leur fils.

Plusieurs rois inconnus jusqu'à

9e siècle av. J.-C. — Sardanapale, détrôné.

Des débris de son royaume se forment les royaumes

DE BABYLONE.	DE NINIVE.	DE MÉDIE.
Bélésis.	*Phul.*	*Arbacès.*
747 *Nabonassar*, etc.	742 *Teglath-Phalasar.*	Anarchie.
		710 Déjocès.
	724 *Salmanasar.*	657 Phraortes.
	712 Sennachérib.	635 Cyaxare 1er.
	680 *Asar-Addon* S'empare de Babylone.	595 *Astyage.*
		560 *Cyaxare II.*
	667. Nabuchodonosor Ier.	Médie Réunie à l'empire des Perses, par Cyrus, en 556.
	647 Sarac.	
625 *Nabopolassar* Réunit les Ninivites aux Babyloniens.	625 Ninive Réunie au royaume de Babylone par Nabopolassar (625).	
606 *Nabuchodonosor II* Prend Jérusalem et Tyr.		
562 Évilmérodac.		
560 Nériglissor.		
555 Laborosoarchod.		
554 *Labynit* ou *Baltasar.*		
538 Assyrie Réunie à l'empire des Perses (538), par Cyrus.		

ROIS DE PERSE.

Chodorlahomor, dans le 20e siècle avant J.-C.
Cambyse, v. 595
Cyrus, fondateur de l'empire des Perses, 560
Cambyse, 530
Smerdis, 522
Darius, 522
Xerxès Ier, 485
Artaxerxès-Longue-Main, 471
Xerxès II, 424
Sogdien, 424
Darius II, Nothus, 423
Artaxerxès-Mnémon, 404
Ochus, 362
Arsès, 338
Darius Codoman, 336
L'empire des Perses est détruit par Alexandre, l'an 330.

HISTOIRE ROMAINE.

Elle dure 1229 ans, depuis Romulus (753 av. J.-C.) jusqu'à Romulus-Augustule (476 après J.-C.), et se divise ainsi :

1° La royauté ; 2° la république ; 3° l'empire.

ROIS.

1. ROMULUS bâtit Rome et forme son gouvernement politique.
2. NUMA-POMPILIUS institue la religion et son culte.
3. TULLUS-HOSTILIUS unit les Albains aux Romains.
4. ANCUS-MARCIUS étend le territoire de Rome par ses conquêtes.
5. TARQUIN-L'ANCIEN embellit la ville.
6. SERVIUS-TULLIUS crée l'aristocratie.
7. TARQUIN-LE-SUPERBE est chassé et voit abolir la royauté.

RÉPUBLIQUE (509).

Rome soumet d'abord les peuples de l'Italie, puis porte ses armes à l'extérieur et devient la maîtresse du monde.

Lutte éternelle entre les patriciens et les plébéiens : les premiers refusent d'accorder trop à la liberté de peur qu'elle ne dégénère en licence ; les derniers résistent sans cesse au pouvoir dans la crainte qu'il ne dégénère en tyrannie.

Premiers consuls : JUNIUS-BRUTUS et TARQUINUS-COLLATINUS (509).

Premier dictateur : TITUS-LARTIUS (497).

EMPIRE.

29. av. J.-C. AUGUSTE, premier empereur, règne 44 ans environ av. J.-C.

14. TIBÈRE, adopté par Auguste, tyran politique, ombrageux et cruel, après J-.C.

37. CALIGULA, adopté. C'est un des plus détestables monstres qui ait jamais souillé la terre; il périt assassiné.

41. CLAUDE est proclamé par quelques soldats. Tyran timide, stupide et cruel.

54. NÉRON, adopté, dont le nom inspire l'horreur, est obligé de se détruire lui-même.

68. GALBA, proclamé par ses soldats, assassiné par eux, à l'instigation du perfide Othon, lequel est obligé de se retirer lui-même à l'approche de l'ignoble Vitellius, élu en Allemagne. Celui-

ci succombe à son tour sous le sage et prudent *Vespasien*, chef des légions d'Orient.

79. Titus, son fils, justement appelé les délices du genre humain.

81. Domitien, son frère, timide et sanguinaire, périt assassiné.

96. Nerva, vieux et respectable sénateur, élu par les conspirateurs.

98. Trajan, adopté. C'est un des plus beaux caractères qui aient embelli l'espèce humaine.

117. Adrien, brave, actif ; adopté.

138. Antonin, le Pieux, prince aimable, excellent; adopté.

161. Marc-Aurèle, le meilleur des hommes et le plus digne des empereurs, règne avec Lucius-Verus, jeune homme prodigue et dissipé ; tous deux sont adoptés.

180. Commode, fils de Marc-Aurèle, fait revivre les temps de la plus cruelle tyrannie, et est tué par les conspirateurs qui choisissent son successeur.

193. Pertinax, digne vieillard, tué bientôt par les prétoriens, qui vendent l'empire à l'encan. Didius-Julianus en offre le plus et l'obtient ; mais les armées éloignées nomment chacune un empereur. Claude-Albin est proclamé en Bretagne ; Pescennius Niger en Syrie, et *Septime-Sévère* en Pannonie : ce dernier détruit ses rivaux et règne seul.

211. Caracalla, féroce, abominable, assassine son père Geta, dont le caractère est doux et humain. Il périt lui-même par les intrigues de son successeur.

217. Apilius-Macrin, faible et sans capacité, est vaincu par Héliogabale, prince infâme, qui bientôt après est tué par ses soldats.

222. Alexandre-Sévère, cousin-germain d'Héliogabale, prince accompli, est massacré par les soldats.

235. Maximin, barbare d'origine et de caractère, est proclamé en Allemagne. Les deux Gordiens qui s'élèvent contre lui en Afrique sont détruits et tués. Le sénat, contraire à Maximin, le remplace par Pupien et Balbin; mais ils sont tous, ainsi que Maximin, tués par les soldats, de même que leurs deux successeurs, Gordien III (238), et Philippe l'Arabe (244).

249. Dèce, prince brave et expérimenté, périt en combattant les Goths.

251. Gallus et Hostilien, fils de *Dèce;* le dernier meurt et le premier est défait par Émilien qui lui-même est assassiné à l'approche de Valérien. Celui-ci s'associe son fils Gallien; le père meurt prisonnier en Perse, et le fils néglige les affaires. Les barbares attaquent l'empire de tous côtés; partout de simples in-

dividus s'emparent de l'autorité ; on compte trente tyrans ou usurpateurs à la fois.

268. Claude-le-Gothique , grand homme. Quintilius , son frère , usurpe, et ne peut résister à *Aurélien* (270).

275. Tacite , homme de bien. Florien, son frère, usurpe, mais il est défait par *Probus*, prince habile (276) ; meurt assassiné par les soldats.

282. Carus a pour successeurs ses deux fils , Carin et Numérien, tous deux assassinés (284). *Dioclétien* s'associe *Maximilien* , et donne à l'empire une nouvelle constitution.

305. Const. Chlore et Galérius , deux empereurs par l'abdication de *Dioclétien* et *Maximilien* ; après la mort du premier , il y a confusion et anarchie. Six empereurs à la fois : *Constantin-le-Grand* , Sévère , Maxence , Maximilien , qui reprend la pourpre , Maximin et Licinius. Après différens événemens et plusieurs batailles, *Constantin* reste seul maître de l'empire qui est de nouveau divisé entre ses trois fils qui suivent :

337. Constantin II , Constance et Constant.

361. *Julien* , surnommé l'Apostat.

363. Jovien.

364. *Valentinien* Ier partage l'empire avec son frère *Valens*.

375. Gratien, (383) Maxime.

382. Valentinien II.

378. *Théodose-le-Grand* partage l'empire entre ses deux fils Arcadius et Honorius, en 395.

EMPEREURS D'OCCIDENT.	EMPEREURS D'ORIENT.
395. *Honorius.*	395. *Arcadius.*
424. Valentinien III.	408. *Théodose II, le Jeune.*
455. Pétrone Maxime.	
455. Avitus.	450. *Marcien.*
457. Majorien.	457. Léon Ier.
461. Sévère III.	474. Léon II, le Jeune.
465-467. Interrègne.	474. Zénon.
467. Anthémius (1).	491. Anastase.
472. Olybrius.	518. Justin Ier.
472. Glycérius.	527. *Justinien Ier.*
473. Julius Nepos	565. Justin II, etc., jusqu'à *Constantin XII, Paléologue,* détrôné par les Turcs en 1453.
474. *Romulus-Augustule.*	
Fin de l'empire d'Occident en 476, et roy. des Hérules en Italie, sous Odoacre.	

(1) Ces cinq empereurs sont élevés ou détruits.

SUCCESSION DES PEUPLES.

Peuples anciens dont l'histoire est presque inconnue.

1° En Asie, les Indiens, les Japonais, les Scythes, etc.
2° En Afrique, les Éthiopiens;
3° En Europe, les Celtes et les Basques.

Peuples dont on connaît l'histoire.

1° Dans le 23e siècle, les Chinois. Leur origine est incertaine et leur histoire peu connue. Fo-Hi est regardé comme leur premier empereur. Six autres monarques se sont succédés entre lui et Yao, à partir duquel la chronologie chinoise est parfaitement conduite.

2° Dans le 22e siècle, les Égyptiens; premier roi, Menès; puis les Assyriens, premier roi Nemrod, et dernier, Sardanapale. Après sa chute, son royaume se divise en trois royaumes : de Babylone, de Ninive et de Médie.

3° Dans le 21e siècle, fondation du premier royaume de la Grèce, Sicyone, par Egyalée.

4° Dans le 20e siècle, les Hébreux; fondateur, Abraham.

5° Dans le 19e siècle, fondation du deuxième royaume de la Grèce, Argos, par Inachus.

6° Dans le 17e siècle, les Phéniciens; fondateur, Agénor.

7° Dans le 16e siècle, les Grecs : Athéniens, fondateur, Cécrops; Spartiates, fondateur, Lélex; Thébains, fondateur, Cadmus. Dans le même siècle, les Troyens : fondateurs, Teucer et Dardanus.

8° Dans le 15e siècle, les Corinthiens; fondateur, Sisyphe. Dans le même siècle, les Lydiens; fondateur, Lydus.

9° Dans le 14e siècle, les Mycéniens; fondateur, Persée.

10° Dans le 9e siècle, les Carthaginois; fondatrice, Didon.

11° Dans le 8e siècle (753), les Romains; premier roi, Romulus.

12° Dans le 6e siècle (536), les Perses; fondateur, Cyrus.

13° Dans le 4e siècle (360 et 336), les Macédoniens; fondateurs, Philippe et Alexandre.

14° Dans le 3e siècle (256), les Parthes; fondateur, Arsace. (*Naissance de Jésus-Christ.*)

15° Dans le 3e siècle (228) après Jésus-Christ, les nouveaux Perses; fondateur, Artaxerxès.

En 476 après Jésus-Christ, chute de l'empire romain d'Occident, causée par l'invasion des barbares.

Peuples barbares qui ont envahi l'empire romain.

En 405. — Les Bourguignons, chef *Gondicaire*.

---

409. — Les Suèves, chef *Hermanric*. 409. — Les Vandales, chef *Genséric*. 409. — Les Alains. chef *Gondéric*.

---

420. — Les Francs, chef *Pharamond*. 427. — Les Angles et les Saxons, chefs *Hengist* et *Horsa*.

---

455. — Les Huns, chef *Attila*. 476. — Les Hérules, chef *Odoacre*. Goths : 485. — Les Visigoths et les Ostrogoths, chefs *Alaric* et *Hermanric*, chef *Théodoric*.

---

568. — Les Lombards, chef *Alboin*.

Principaux peuples du moyen-âge.

481. Les Francs ; fondateur, Clovis.
568. Les Lombards ; fondateur, Alboin.
584. Les Espagnols ; fondateur, Léovigilde.
622. Les Arabes ; législateur, Mahomet.
713. Les Maures ; chef, Abdêrame.

813. Les Suédois ; fondateur, Biorne.
827. Les Anglais ; premier roi, Egbert.
842. Les Polonais ; fondateur, Piast.
858. Les Navarrois ; premier roi, Garcie Ximenès.
862. Les Russes ; fondateur, Rurick.
911. Les Allemands ; premier roi, Conrad Ier.
935. Les Danois ; fondateur Harald V.
997. Les Hongrois ; premier roi, Étienne Ier.

1129. Les Napolitains et les Siciliens ; premier roi, Roger II.
1139. Les Portugais ; premier roi, Alphonse Henriquez.
1199. Les Bohémiens ; fondateur, Ottocar 1er.
1300. Les Turcs d'Asie ; fondateur, Osman 1er.
1308. Les Suisses ; libérateurs, Mecthal, Stauffacher, Walter-Furst, Guillaume-Tell.

Peuples modernes.

1453. Les Turcs d'Europe, Mahomet II.

AMÉRICAINS.

1500. Les Brésiliens découverts par Alvarez Cabral.

1518. Les Mexicains découverts par Cortez.

1531. Les Péruviens découverts par Pizarre.

1782. Les Etats-Unis rendus indépendans par Washington.

1579. Les Hollandais et les Belges; Guillaume d'Orange, stathouder.

1701. Les Prussiens ; premier roi, Frédéric de Hohenzollern.

1718. Les Sardes; premier roi, Victor-Amédée.

1805. Les Wurtembergeois; premier roi, Frédéric 1er.

1806. Les Bavarois ; premier roi, Maximilien-Joseph.

1806. Les Saxons ; premier roi, Frédéric-Auguste.

1830. Les nouveaux Grecs; chef, Capo d'Istria.

1831. Les Belges ; roi, Léopold de Saxe-Cobourg.

1832. Les Grecs modernes; roi, Othon de Bavière.

CHAPITRE V.

Application à la géographie.

Pour étudier cette science selon notre méthode, il n'est pas nécessaire d'établir de nouveaux systèmes de localisation; il en est un établi tout naturellement, bien étendu, varié et très-irrégulier. Le globe, s'étendant en formes immenses, profondes, élevées, coupées de mille façons, présente un cadre divisé et subdivisé de la manière la plus bizarre, expose l'ensemble d'une infinité de places toutes différentes entre elles. Voilà le système de localisation, les objets physiques sur lesquels nous devons rattacher une foule de noms abstraits par le moyen encore du rapport de contiguïté.

Si la réminiscence des mots dépend de la réminiscence des objets, et *vice versâ,* nous devons nous attendre à trouver plus de difficulté dans l'étude de la géographie que dans celle de l'histoire, attendu que l'idée des lieux, plus nombreux et plus irréguliers que les places marquées sur nos systèmes de localisation à l'usage de l'histoire, nous viendra à l'esprit plus difficilement, et que les termes géographiques, tous noms propres et pour la plupart très bizarres, se reproduiront à notre souvenir moins heureusement que les termes historiques. Cependant quels progrès rapides ne voit-on pas faire dans cette science par les plus jeunes intelligences ! Quels seront donc ceux que l'on obtiendra dans l'étude de l'histoire par le moyen de notre méthode, et dans la géographie, puisque nous avons fait espérer de les accélérer ?

EXERCICES.

Ils découlent toujours de nos principes :

1° Considérer les lieux dans leur position respective, et selon tous les points de vue qu'ils peuvent présenter ;

2° Savoir retrouver ces lieux ;

3° Etant déplacés, savoir les replacer.

Pour la pratique de ce dernier procédé, il faut que les cartes soient découpées.

Et pour ce qui est noms de villes, de rivières, etc., ces noms doivent être écrits sur des cartes, et replacés sur leurs lieux.

DES NOMBRES A RETENIR EN GÉOGRAPHIE, COMME PAR EXEMPLE CEUX QUI INDIQUENT LA POPULATION.

Établissons d'abord cette règle :

Les passages des lieux ou pays dont on veut retenir le chiffre de la population, sur les cent places ou cases de la planche n. III, signifieront des centaines de millions ou de mille, et leur placement dans ces cases des dixaines ou unités de millions ou de mille.

Exemples.

	Population.
Europe	230,000,000.
Asie................	600,000,000.
Afrique...........	90,000,000.
Amérique	35,000,000.
Océanie............	30,000,000.

On fera passer le mot *Europe,* en réalité ou par la pensée, sur les 100 places de la planche n. 111. Ce premier passage signifiera un cent millions. Le faisant passer une seconde fois, on aura un autre cent millions; et puis, jetant le mot à la trentième place, on aura les 230,000,000. Comme la population de ces grandes parties du monde ne se compte que par millions, on ne saurait faire de méprise.

Ainsi, l'Asie passera six fois sur la planche.

L'Afrique sera jetée directement à la quatre-vingt-dixième. Ainsi des autres.

De même de la population des grandes contrées du monde, comme de la France, de l'Espagne, etc.

S'il était question de mille, comme dans de petites contrées, de la Suisse, par exemple, il faudra procéder de la sorte :

Suisse .... 1,980,000.

Elle sera jetée d'abord à la première case, ce qui signifiera un million. Puis on la fera passer sur la planche neuf fois, ce qui signifiera neuf cent mille, et puis elle sera jetée à la quatre-vingtième case, ce qui signifiera 80 mille. De même pour des nombres semblables.

POPULATION DE DÉPARTEMENS ET DE VILLES.

Gironde, 528,000 habitans,

Passe 5 fois et est jeté à la 28e case.

Paris, 890,000,

Passe 8 et est jeté à la 90e case.

Ainsi des autres.

On ne tient pas compte des nombres au-dessous de mille, à moins qu'ils ne dépassent 500. Dans ce cas, on ajouterait un mille de plus. Exemple : le nombre 472,654 deviendrait 473,000, pour obtenir le nombre le plus approximatif.

Il est encore un autre moyen de retenir des chiffres : c'est de les traduire en mots.

(Voyez ces mots traducteurs, table II et III.)

Exemples.

Europe, 230,000,000.

L'Europe vit *gaîment* sous la protection de *Dieu.*

Le mot *Dieu* exprime 23, et *gaîment* 7 zéros.

Asie, 600,000,000.

Gouverner *habilement* les peuples *barbares* d'Asie.

Le mot *barbare* exprime 6, et *habilement* 8 zéros.

Afrique, 90,000,000.

Ce *bossu*, né en Afrique, s'exprime *gracieusement*.

Bossu exprime 9, et *gracieusement* 7 zéros.

Amérique, 35,000,000.

Ce noble Américain, armé de son *fusil*, s'avance *fièrement*.

Fusil exprime 35, et *fièrement* 6 zéros.

Océanie, 30,000,000.

Ce voyageur nous dit *gravement* que les habitans de l'Océanie ne reconnaissent point *Adam* pour leur premier père.

Adam exprime 3, et *gravement* 7 zéros.

CONSIDÉRATIONS GÉNÉRALES.

Après avoir considéré les objets géographiques en eux-mêmes, on cherchera les rapports qu'ils peuvent avoir entre eux. Ainsi, on observera en particulier toutes les contrées situées sous la zone torride, puis celles situées sous la zone tempérée septentrionale, etc.; celles qui portent les mêmes productions, qui sont d'égale étendue, d'égale population, qui sont régies par les mêmes formes de gouvernement, etc. Enfin, on les considérera sous tous les points de vue, et on les liera selon leurs rapports communs. Dès-lors, on sera à même de les ranger par classes de premier ordre, de deuxième ordre, etc.

Pratiquer les trois procédés sur les objets liés entre eux par ces rapports.

CHAPITRE VI.

Application à l'histoire naturelle.

Cette utile et immense science est soumise aux ressources de notre méthode. De profonds naturalistes nous ayant fourni de savantes classifications, nous nous servirons de leur travail dans l'application de nos procédés. Mais en donnerons-nous de nouveaux? Non. Nous indiquerons les mêmes que ceux que nous avons pratiqués dans l'étude de l'histoire humaine.

1° Nous considérerons à leur place les êtres naturels;

2° Nous irons les y retrouver.

3° Étant déplacés, nous les replacerons.

Il est bien entendu que des lectures préliminaires seront faites sur l'histoire naturelle en général, et qu'on entrera dans tous les développemens des êtres naturels, à mesure qu'on les soumettra au premier procédé.

Nous allons d'abord exposer les meilleures classifications, et puis nous démontrerons de quelle manière elles devront être réparties sur nos systèmes de localisation.

CLASSIFICATION DES MINÉRAUX.

Règne minéral.	Substances atmosphériques.	Les gazolytes.
	Substances terrestres... ...	Les combustibles.
		Les métaux.
		Les pierres.

CLASSIFICATION DES PLANTES, D'APRÈS JUSSIEU.

Plantes.

			CLASSES.
Acotylédones....... ...			1re Acotylédonie.
Monocotylédones à étamines.	Hypogynes		2e Monohypogynie.
	Périgynes		3e Monopérigynie.
	Épigynes		4e Monoépigynie.
Dicotylédones à fleurs monoclines	A pétales.... A étamines..	Epigynes	5e Epistaminie.
		Périgynes	6e Péristaminie.
		Hypogynes	7e Hypostaminie.
	Monopétales à corolles..	Hypogynes	8e Hypocorollie.
		Périgynes	9e Péricorollie.
		Épigynes à anthères. réunies ..	10e Epico. synanthérie.
		Épigynes à anthères. distinctes.	11e Epic. corysanthérie.
	Polypétales à étamines.	Épigynes	12e Epipétalie.
		Hypogynes	13e Hypopétalie.
		Périgynes	14e Péripétalie.
Diclines, ou unisexuelles vraies....... ...			15e Déclinie.

Remarquez les initiales *hypo*, *péri*, *épi*, précédées de *mono* dans les monocotylédones, suivies de *staminie*, ou de *corollie*, ou de *pétalie* dans les dicotylédones. Remarquez en outre ces initiales *hypo*, *péri*, *épi*, se succéder régulièrement dans les 13 classes, sauf une seule exception.

CLASSIFICATION DES ANIMAUX, D'APRÈS CUVIER.

Vertébrés.

- 1° MAMMIFÈRES, se divisant en 8 ordres.
  - 1er ordre. — Bimanes.
  - 2e ordre. — Quadrumanes.
  - 3e ordre. — Carnassiers.
    - Chéiroptères.
    - Insectivores.
    - Carnivores.
    - Marsupiaux.
  - 4e ordre. — Rongeurs
  - 5e ordre. — Edentés.
  - 6e ordre. — Pachydermes.
  - 7e ordre. — Ruminans.
  - 8e ordre. — Cétacés.
- 2° OISEAUX, se divisant en 6 ordres.
  - 1er ordre. — Rapaces.
  - 2e ordre. — Passereaux.
    - Dentirostres.
    - Fissirostres.
    - Conirostres.
    - Ténuirostres.
  - 3e ordre. — Grimpans.
  - 4e ordre. — Gallinacés.
  - 5e ordre. — Echassiers.
    - Brévipennes.
    - Pressirostres.
    - Cultirostres.
    - Longirostres.
    - Macrodactyles.
  - 6e ordre. — Palmipèdes.
    - Plongeurs.
    - Longipennes.
    - Totipalmes.
    - Lamellirostres.
- 3° REPTILES, se divisant en 4 ordres.
  - 1er ordre. — Chéloniens.
  - 2e ordre. — Sauriens.
  - 3e ordre. — Ophidiens.
  - 4e ordre. — Batraciens.
- 4° POISSONS, se divisant en 2 séries.
  - 1re série. — Poissons osseux, se divisant en 6 ordres.
    - 1er ordre. — Acanthoptérygiens.
    - 2e ordre. — Malacoptérygiens abdominaux.
    - 3e ordre. — Malacoptérygiens subbrachiens.
    - 4e ordre. — Malacoptérygiens apodes.
    - 5e ordre. — Lophobranches.
    - 6e ordre. — Plectognates.
  - 2e série. — Poissons cartilagineux.
    - A branchies libres.
    - A branchies fixes.

Invertébrés.

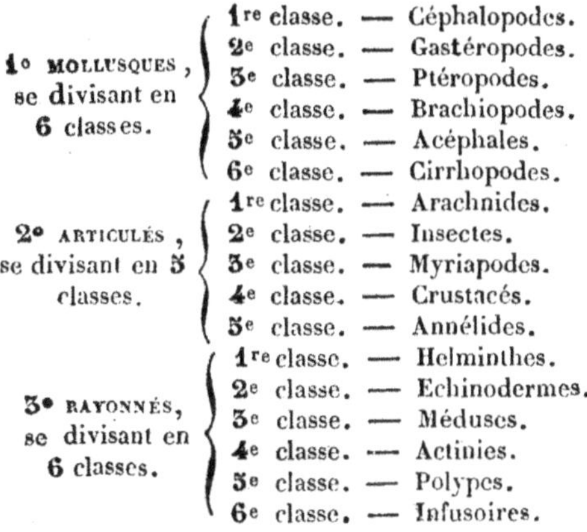

1° MOLLUSQUES, se divisant en 6 classes.	1re classe.	— Céphalopodes.
	2e classe.	— Gastéropodes.
	3e classe.	— Ptéropodes.
	4e classe.	— Brachiopodes.
	5e classe.	— Acéphales.
	6e classe.	— Cirrhopodes.
2° ARTICULÉS, se divisant en 5 classes.	1re classe.	— Arachnides.
	2e classe.	— Insectes.
	3e classe.	— Myriapodes.
	4e classe.	— Crustacés.
	5e classe.	— Annélides.
3° RAYONNÉS, se divisant en 6 classes.	1re classe.	— Helminthes.
	2e classe.	— Echinodermes.
	3e classe.	— Méduses.
	4e classe.	— Actinies.
	5e classe.	— Polypes.
	6e classe.	— Infusoires.

LOCALISATION DES MINÉRAUX.

La page 110 ne présente que la classification générale des minéraux fournie par les naturalistes. Nous laissons au lecteur le soin de la subdiviser et d'en localiser à son gré les subdivisions ; il pourrait même se dispenser de représenter cette classification sous une forme matérielle, en traçant quatre tableaux sur papier, où figureraient d'une manière bien ordonnée, dans le premier, *les gazolytes;* dans le second, *les combustibles;* dans le troisième, *les métaux;* et dans le quatrième, *les pierres*. Pratiquez sur ces tableaux nos trois procédés.

LOCALISATION DES PLANTES.

Voyez la planche IV. Les figures en seront formées au moyen de quatre règles ou bandes sur lesquelles seront échelonnées les diverses classes. La figure des *acotylédones* représente un N.

Les quinze classes seront écrites chacune sur une carte ou morceau de carton, avec les familles que chacune d'elles comprend. (Voyez-en les modèles dans les pages suivantes). Puis on les soumettra à nos procédés, c'est-à-dire qu'on les considérera à leur place, qu'on ira les y retrouver, et qu'étant déplacées, on les replacera.

Mêmes procédés pour rapporter toutes les familles à leur classe respective. Pour le troisième procédé, les familles étant écrites séparément sur des cartes, on les mêlera et on les replacera physiquement dans leur classe, de la même manière qu'un imprimeur replace ses caractères.

LOCALISATION DES ANIMAUX.

Mêmes procédés pour localiser les animaux. Voyez sur la même planche les figures à former, et la disposition ordinale des divers ordres.

On pourrait encore, mais avec moins de succès, tracer sur papier les figures des trois classifications avec la représentation des places, puis écrire sur des cartes les diverses classes, ordres et familles, et s'exercer à les replacer chacun à sa place.

Première classe. — *Acotylédonie.*

1

1. Algues.
2. Champignons.
3. Lichens.
4. Hépatiques.
5. Mousses.
6. Licopodiacées.
7. Fougères.
8. Marciliacées.
9. Equisétacées.
10. Characées.

1

Deuxième classe. — *Monohypoginie.*

2

11. Naïades.
12. Aroïdées.
13. Typhinées.
14. Saururées.
15. Cabombées.
16. Cypéracées.
17. Graminées.

2

Troisième classe. — *Monopérygynie.*

3

18. Palmiers.
19. Restiacées.
20. Jonchées.
21. Commelinées.
22. Pontédériacées.
23. Alismacées.
24. Colchicacées.
25. Asparaginées.
26. Liliacées.
27. Broméliacées.

Quatrième classe. — *Monoépyginie.*

4

28. Dioscorées.
29. Narcissées.
30. Iridées.
31. Hémodoracées.
32. Musacées.
33. Amomées.
34. Orchidées.
35. Hydrocharidées.
36. Nymphéacées.
37. Balanophorées.

Cinquième classe. — *Épistaminie.*

5

38. Aristolochiées.
39. Cytinées.
40. Santalacées.

Sixième classe. — *Péristaminie*.

41. Eléagnées.
42. Thymélées.
43. Protéacées.
6
44. Laurinées.
45. Myristicées.
47. Chenopodées.
46. Polygonées.

Septième classe. — *Hypostaminie*.

48. Amaranthacées.
7
49. Nictaginées.

Huitième classe. — *Hypocorollie*.

50. Plantaginées.
51. Plumbaginées.
52. Primulacées.
53. Lentibulariées.
54. Globulariées.
8
59. Jasminées.
58. Acanthacées.
57. Solanées.
55. Orobanchées.
56. Scrophularinées.
60. Verbénacées.
61. Myoporinées.
62. Labiées.
63. Boraginées.
64. Convolvulacées.
65. Palémoniacées.
8
66. Bignonniacées.
67. Hébénacées.
68. Myrsinées.
69. Sapotées.
70. Gentianées.
71. Apocynées.

Neuvième classe. — *Péricorollie.*

72. Styracées.
73. Ericinées. **9** 74. Gennériacées.
75. Campanulacées.

Dixième classe. — *Epicorollie-synanthérie.*

76. Synanthérées. **10** 77. Calycérées.

Onzième classe. — *Epicorollie-corisanthérie.*

78. Dipsacées.
79. Valérianées.
11
80. Rubiacées.
81. Caprifoliacées.
82. Loranthées.

Douzième classe. — *Epipétalie.*

83. Rixophorées.
12
84. Ombellifères.
85. Araliacées.

Treizième classe. — *Hypopétalie.*

13

86. Renonculacées.
87. Delléniacées.

—

88. Magnoliacées.
89. Anonacées.
90. Barbéridées.

—

91. Menispermées.
92. Ochnacées.

—

93. Rutacées.
94. Pittosporées.
95. Géraniacées.
96. Malvacées.
97. Bombacées.

—

98. Bittnériacées.
99. Chlénacées.
100. Tiliacées.

—

101. Ternstræmiacées.
102. Olacinées.

—

103. Marégraviacées.
104. Guttifères.
105. Hypéricinées.
106. Aurantiacées.
107. Ampélidées.

—

108. Hypocraticées
109. Acérinées.
110. Malpighiacées

—

111. Eritroxilées.
112. Méliacées.

—

113. Sapindacées.
114. Polygalées.

—

115. Trémandrées.
116. Fumariacées.
117. Papavéracées.

—

118. Crucifères.
119. Caparidées.
120. Résédacées.

—

121. Flacoursianées.
122. Cistées.

—

123. Droseracées.
124. Violariées.
125. Frankéniacées
126. Cariophyllées.

Quatorzième classe. — *Péripétalie.*

127. Paronichiées.
128. Portulacées.

—

129. Ficoïdées.
130. Saxifragées.
131. Hamamélidées.

132. Bruniacées.
133. Crassulacées.

—

134. Nopalées.
135. Ribésiées.
136. Cucurbitacées

137. Loasées.
138. Passiflorées.
139. Hygrobiées.

14

140. Onagrariées.

14

141. Combrétaciées.
142. Myrtacées.
143. Mélastomacées.

144. Salécariées.
145. Tamariscinées

—

146. Rosacées.
147. Homalinées.
148. Samidées.

149. Légumineuses
150. Térébenthacées

—

151. Rhamnées.
152. Célastrinées.
153. Aquifoliacées.

Quinzième classe. — *Diclinie.*

154. Euphorbiacées.
155. Urticées.
156. Monimiées.

15

157. Salicinées.
158. Myricées.
159. Bétulinées.

160. Tupulifères.
161. Conifères.
162. Cycadées.

Cette disposition des familles autour des chiffres de leur classe présente une sorte de localisation, ce qui rentre dans notre système.

Tout ce qui est classifications et nomenclatures s'adaptant parfaitement à notre système, les divers codes de nos lois, qui sont soumis à des divisious et subdivisions, pourront donc être répartis sur des systèmes de localisation divisés et subdivisés de la même manière. Ainsi les codes civil, de procédure et de commerce seraient étudiés avantageusement au moyen de nos procédés.

CHAPITRE VII.

Nouvelle mnémotechnie basée sur les principes précédens.

La pratique de ce qui a été dit doit avoir évidemment démontré la puissance du rapport de juxta-position, et la facilité avec laquelle on peut le saisir.

Les procédés que nous allons indiquer confirmeront encore ces vérités, et contribueront à amplifier la faculté mémorative.

Le rapport de contiguïté ou de juxta-position, rapport sensible et tout naturel, a servi de transition du connu à l'inconnu. Nous allons ménager cette transition au moyen de nouveaux termes qui seront familiers à notre esprit. Ces nouveaux termes seront encore rattachés à des places par le moyen de la puissance du rapport de contiguïté, et puis seront liés aux termes inconnus par le moyen de formules. Ces nouveaux termes que nous appelons transitifs ou intermédiaires, sont des substantifs physiques, adjectifs, et leurs substantifs dérivés, verbes, adverbes, tous d'un usage commun et d'un sens assez général.

Voici une table de ces termes intermédiaires ou transitifs, correspondans aux siècles de l'histoire ancienne et aux règnes des rois de France.

Première table de termes intermédiaires ou transitifs, à l'usage de l'histoire, correspondans aux siècles de l'histoire ancienne et aux règnes des rois de France.

Siècles avant J.-C.		
40	Création du monde.	
	Adam et Ève.	Arbre.
24	Le déluge. Noé.	Arche.
23	Heber.	Herbe.
22	La tour de Babel.	Tour.
21	Sémiramis.	Jardins (de Babylone).
20	Abraham, sa vocation.	Fagot (branches).
19	Jacob et Esaü.	Plat de lentilles.
18	Joseph.	Prison (en).
17	Naissance de Moïse.	Nil (fleuve).
16	Vocation de Moïse.	Montagne.
15	Josué.	Jourdain.
14	Débora, prophétesse.	Palmier.
13	Gédéon.	Pots de terre.
12	Samson.	Moissons.
11	Salomon.	Temple (bâti).
10	Roboam et Jéroboam.	Rocher.
9	Joram et Athalie.	Poignards.
8	Ezéchias, pieux et grand.	Autel.
7	Captivité des Juifs par Nabuchodonosor.	La statue d'or.
6	Daniel, prophète. Fin de la captivité par Cyrus.	Fosse aux lions.

5	Esdras et Néhémias.	Murs (rétablis).
4	Jaddus, grand-prêtre, va au devant d'Alexandre.	Portes (de la ville).
3	Version des Septante, par ordre de Ptolémée-Philadelphe.	Tas de livres.
2	Martyr d'Eléazar, d'une mère et de ses sept enfans.	Chaudière.
1	*Naissance de J.-C.*	Étable.
	Siècles après J.-C.	
1	Mort de Jésus-Christ.	Croix.
2	3e persécution. Martyr, saint Ignace.	Arène (dévoré par les bêtes féroces).
3	8e persécution. Martyr, saint Laurent.	Gril (rôti sur le).
4	Constantin rend la paix à l'église.	Église.

ROIS DE FRANCE.

RACE MÉROVINGIENNE.

Cinquième siècle après Jésus-Christ.

			Avénemens.	
1	Pharamond.	(Existence douteuse.)	420	Rhin (il passe le)
2	Clodion.	Le Chevelu.	428	Somme (il passe la).
3	*Mérovée.*	(Valeureux).	448	Seine (il passe la)
4	Childéric I.	(Débauché).	458	Bazin (chez).
5	*Clovis I.*	Le Grand.	481	Église de Reims.

Sixième siècle.

6	Childebert I.	(Complice du meurtre de ses neveux).	511	Clocher (de Saint Germain-des-Prés).
7	Clotaire I.	(Scélérat).	558	Cabane.
8	Caribert.	(Bon roi).	562	*Carrière*.
9	Chilpéric.	Le Néron.	568	Soissons (roi de)-
10	Clotaire II.	(Cruel).	584	Berceau.

Septième siècle.

11	Dagobert I.	(Remarquable).	628	Fauteuil d'or.
12	Clovis II.	(Charitable).	638	Bibliothèque (d'Alexandrie brûlant.)
13	Clotaire III.	(Dominé par Ebroïn, maire du palais).	655	*Libraire* (chez un).
14	Childéric II.	(Despote).	670	Poteau.
15	Thierry I.	(Faible).	673	Abbaye de Saint-Denis.
16	Clovis III.	(Jeune).	691	*Paradis*.
17	Childebert II.	Le Juste.	695	*Enfer*.

Huitième siècle

18	Dagobert II.	(Incapable de gouverner).	711	Maison royale (renfermé dans).
19	Clotaire IV (1).		715	*Séminaire*.
20	Chilpéric.	(Dominé par Charles-Martel).	717	A cheval fuyant.
21	Thierry II.	(Enfant).	720	*Tertre*.
		Interrègne, 737-742.		
22	Childéric III.	(Insensé).	742	Cloître (mis dans un).

(1) Ce roi a été omis dans la première édition de notre atlas.

RACE CARLOVINGIENNE.

23 *Pépin.*	*Le Bref.*	752	Taureau luttant contre un lion.
24 *Charles I ou Charlemagne.*	*Le Grand.*	768	Écoles.

Neuvième siècle.

25 Louis I.	Le Débonnaire.	814	Cellule (renfermé dans une).
26 *Charles II.*	*Le Chauve.*	840	Chaumière (mort dans).
27 Louis II.	Le Bègue.	877	*Logis.*
28 Louis III et Carloman.	(intimes)	879	Raucourt (bataille de).
29 Charles.	Le Gros.	885	*Chariot.*
30 Eudes.	(Valeureux).	888	Paris (comte de).
31 Charles III.	Le Simple.	898	Terre (renversé par).

Dixième siècle.

32 Raoul.	(Élu).	923	*Four.*
33 Louis IV.	D'Outre-mer.	936	Mer.
34 Lothaire.	(Actif).	954	Ardennes (montagnes).
35 Louis V.	Le Fainéant.	986	Sépulcre.

RACE CAPÉTIENNE.

36 Hugues.	Capet.	987	*Casque.*
37 Robert.	Le Pieux.	996	Robe (de pélerin)

Onzième siècle.

38 Henri I.	(Loyal).	1031	*Halle.*
39 Philippe I.	(Excommunié).	1060	Jérusalem.

Douzième siècle.

40	*Louis VI.*	*Le Gros.*	1108	A cheval.
41	*Louis VII.*	*Le Jeune.*	1137	Église deVitry.
42	Philippe II.	Auguste.	1180	Pont de Bouvines.

Treizième siècle.

43	Louis VIII.	Le Lion.	1223	Lion.
44	*Louis IX.*	*Le Saint.*	1226	Cilice.
45	Philippe III.	Le Hardi.	1270	Cloche (Vêpres Siciliennes).
46	*Philippe IV.*	Le Bel.	1285	Bûchers (Templiers).

Quatorzième siècle.

47	Louis X.	Le Hutin.	1314	Poteau (mort de Marigny).

(Interrègne, 5 mois).

48	Jean.	Posthume.		Ne vit que 8 jours.
49	Philippe V.	Le Long.	1316	Puits (empoisonnés).
50	Charles IV.	Le Bel, ou le Justicier.	1322	Balance.
51	Philippe VI.	De Valois.	1328	L'Écluse (combat naval de).
52	Jean.	Le Bon.	1350	Banquet (invité à un.... par le prince Noir).
53	*Charles V.*	Le Sage.	1364	Cabinet (homme de).
54	Charles VI.	Le Bien-Aimé.	1380	Cartes (jouant aux).

Quinzième siècle.

55	Charles VII.	Le Victorieux.	1422	Statue (de Jeanne d'Arc).
56	*Louis XI.*	*Le Dissimulé.*	1461	Péronne.
57	Charles VIII.	L'Affable.	1483	Vaisseau (Colomb).
58	*Louis XII.*	*Le Père du père.*	1498	Village d'Agnadel.

Seizième siècle.

59 *François I.*	Le Père des lettres.	1515	Pavie.
60 Henri II.	(Homme d'esprit.)	1547	Tournoi.
61 François II.	(Subordonné.)	1559	Amboise (village.
62 Charles IX	(Dominé par sa mère.)	1560	Grange.
63 Henri III.	Superstitieux et débauché.	1574	Château de Blois.
64 *Henri IV.*	Le Grand.	1589.	Nérac.

Dix-septième siècle.

65 Louis XIII.	Le Juste.	1610	La Rochelle.
66 *Louis XIV.*	Le Grand.	1643	Trône.

Dix-huitième siècle.

67 Louis XV.	Le Bien-Aimé.	1715	Mannequin (d'assignats).
68 *Louis XVI.*	(Infortuné).	1774	Échafaud.
69 Louis XVII.	(Enfant).	1795	(Mort en).
La République.	Une et indivisible.	1792	Tribunal (de Robespierre).
70 *Napoléon.*	(Le Conquérant).	1804	Colonne Vendôme.
71 *Louis XVIII.*	Le Désiré.	1814	Drapeau blanc.
72 Charles X.	(Détrôné).	1824	A Cherbourg.
73 Louis - Philippe.	Roi citoyen.	1830	Pont Louis-Philippe.

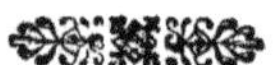

Ces substantifs doivent être rattachés aux places des siècles et règnes auxquelles ils correspondent, et qui sont marqués sur les planches Ire et IIme (pratiquer pour cet objet nos procédés), pour servir de centre ou de lieu d'habitation à tous les faits et personnages historiques; ou bien pour être introduits dans des formules destinées à ramener ces faits et personnages à leur siècle et règne.

Remarquez que ces substantifs physiques ont pour la plupart des rapports historiques avec les personnages auxquels ils correspondent.

Par exemple :

Débora, *Palmier*.

Cette prophétesse rendait la justice, assise à l'ombre d'un *palmier*.

Jaddus, *Portes de la ville*.

Ce grand-prêtre va aux *portes* de la ville en présenter les clés à Alexandre.

Philippe IV, le Bel, *Bûchers*.

Des *bûchers* sont élevés pour brûler vifs les Templiers, etc.

Quelquefois ces substantifs n'ont qu'un rapport phonique avec leur personnage; exemple :

Heber, *Herbe*.
Roboam, *Rocher*.
Clotaire III, *Libraire*.
Clotaire IV, *Séminaire*.

Remarquez que le nombre de syllabes correspond aux homonymes de ces deux rois, ainsi que dans :

Clovis III, *Paradis.*
Thierry II, *Tertre.*

Cependant il est souvent facile de lier ces mots à leurs correspondans d'une manière rationnelle; par exemple :

10e s. av. J.-C. Roboam, *Rocher.*

Roboam se montra dur comme un *rocher* à l'égard de son peuple qui réclamait une diminution d'impôts.

Les substantifs physiques sont encore destinés à être rattachés aux autres faits et personnages de chaque siècle, par le moyen de formules rationnelles.

FORMULES RATIONNELLES.

9e s. av. J.-C., *Poignards.*

FORMULES.

On ne dit pas que Lycurgue se soit *poignardé*, mais on croit qu'il se laissa mourir de faim.

Didon et Sardanapale préférèrent sans doute se brûler que de se *poignarder.*

6e s. av. J.-C., *Fosse.*

FORMULES.

En fondant Marseille, les Phocéens dûrent sans doute creuser quelque *fosse.*

Quand Épiménide arriva dans Athènes, appelé par les habitans de cette ville, afin qu'il les réconciliât avec les dieux, bien des citoyens gisaient dans des *fosses*, victimes de la guerre et de la peste.

Solon aurait mieux aimé voir Pisistrate enclavé dans une *fosse*, que de le voir à la tête des affaires publiques.

Cyrus, maître de Babylone, dut voir la *fosse* où fut jeté Daniel.

Les Pisistratides auraient mieux aimé être jetés dans une *fosse* pour quelques jours, que d'être exilés pour toujours.

Si Tarquin-le-Superbe eût pu calmer les Romains en retenant son fils dans une *fosse* durant quelque temps, il l'eût fait sans doute plutôt que de subir un exil perpétuel.

Ainsi on voit qu'il est souvent possible d'enchâsser les substantifs physiques donnés dans des formules rationnelles; s'il en était d'assez ingrats pour ne point se prêter à cet usage, on pourrait avoir recours à leurs analogues, ou rimes, comme par exemple dans les règnes suivans :

Pharamond, *Rhin*.

Les Vandales passent en Afrique sous le règne de ce roi.

FORMULE.

Les Vandales étant passés en Afrique ne durent point avoir froid aux *reins*.

Reins fait connaître que le fait a eu lieu sous le règne de Pharamond.

Clodion, *Somme* (rivière).

Concile général d'Éphèse.

FORMULE.

Le concile général d'Éphèse fit gagner bien des *sommes* aux Éphésiens.

Sommes fait connaître que le fait a eu lieu sous le règne de Clodion.

Childéric, *Bazin*.

Chute de l'empire romain sous Romulus-Auguste, et royaume des Hérules, en Italie, sous Odoacre.

Remarquez *romain* qui rime avec *bazin*; ou bien dites : Odoacre fut élu par des soldats *germains*.

Les mots *romain*, *germains* font connaître que le fait a eu lieu sous le règne de Childéric.

Néanmoins, nous ferons observer de ne point trop s'écarter des mots de la table et de faire en sorte de les employer tels qu'ils sont, plutôt que de recourir à leurs rimes, ou synonymes, ou analogues, etc. Car en multipliant trop ces points de rappel, on augmenterait le travail de l'esprit et on surchargerait la mémoire.

Autre emploi des substantifs physiques de la première table.

Ces substantifs peuvent encore être rattachés aux faits et personnages historiques, en les considérant comme des lieux d'habitation de ces faits et personnages. Cette manière d'associer les idées ne demande que quelque habitude.

On prend un tableau quelconque ; c'est celui du 11me siècle avant J.-C.: le substantif physique qui s'y rapporte, c'est *temple*.

On placera par la pensée dans le *temple* tous les faits et personnages de ce siècle de cette sorte :

Samuel, dernier juge ; il délivre le peuple de la septième servitude dans le............	Temple.
Saül, sacré roi par Samuel dans le.........	
David, roi et prophète dans le.............	
Révolte d'Absalon dans le.................	
Salomon dans le..........................	

Connaissant la place de *temple* et par suite le siècle auquel il se rapporte, on connaîtra la chronologie ou le siècle de ces personnages.

Mêmes procédés pour les autres siècles et règnes.

De cette sorte, on plante pour ainsi dire un objet physique au milieu de chaque siècle et règne, sur lequel ou autour duquel on groupe tous les faits et personnages de ces siècles et règnes.

Il est encore un autre moyen bien simple de reconnaître le siècle des événemens : c'est d'énoncer l'événement en autant de syllabes qu'il y a de siècles, les millésimes exceptés.

EXEMPLES.

La fondation de Rome, 8 syllabes : 8e siècle av. J.-C.

Cyrus, roi de Perse, 6 syllabes : 6e siècle.

Alexandre, 4 syllabes : 4e siècle.

Régulus.. } 3 syllabes : 3e siècle.
Scipion... }
Annibal.. }

Charles-Quint, empereur, 6 syllabes : 16e siècle après J.-C., etc.

2e TABLE DE TERMES INTERMÉDIAIRES OU TRANSITIFS.

Noms.	*Verbes.*	*Adjectifs.*	
Abeille.	Abandonner.	Abominable.	1.
Académie.	Accabler.	Accessible.	2.
Adam.	Adorer.	Admirable.	3.
Affiche.	Affecter.	Affreux.	4.
Agneau.	Agir.	Agréable.	5.
Baleine.	Badiner.	Barbare.	6.
Bélier.	Bénir.	Belliqueux.	7.
Bibliothèque.	Biffer.	Bienheureux.	8.
Botte.	Boire.	Bossu.	9.
Burette.	Butiner.	Burlesque.	10.
Campagne.	Cacher.	Capable.	11.
Cercle.	Céder.	Célèbre.	12.
Cimetière.	Circuler.	Civil.	13.
Commode.	Commencer.	Collectif.	14.
Cuve.	Cultiver.	Curieux.	15.
Char.	Changer.	Charmant.	16.
Chemin.	Chercher.	Chétif.	17.
Chien.	Chicaner.	Chimérique.	18.
Chopine.	Choisir.	Choquant.	19.
Chou.	Chuchoter.	Chuchoteur.	20.

Dame.	Danser.	Dangereux.	21.
Désert.	Défendre.	Délicat.	22.
Dieu.	Dîner.	Différent.	23.
Dogue.	Dormir.	Docile.	24.
Duvet.	Durer.	Durable.	25.
Ébène.	Éblouir.	Éblouissant.	26.
Échelle.	Écarter.	Éclatant.	27.
Édifice.	Édifier.	Édifiant.	28.
Effigie.	Effacer.	Efficace.	29.
Église.	Égaler.	Égal.	30.
Fagot.	Favoriser.	Familier.	31.
Feu.	Féliciter.	Ferme	32.
Figue.	Finir.	Fidèle.	33.
Fontaine.	Former.	Fort.	34.
Fusil.	Fuir.	Fugitif.	35.
Galerie.	Gagner.	Galant.	36.
Guêpe.	Guérir.	Guérissable.	37.
Guirlande.	Guider.	Guide.	38.
Gobelet.	Gober.	Guoguenard.	39.
Gouvernail.	Gouverner.	Guttural.	40.
Hangard.	Habiller.	Habile.	41.
Hérisson.	Hériter.	Hérétique.	42.
Hibou.	Historier.	Hideux.	43.
Homme.	Honorer.	Honteux.	44.
Hutte.	Humilier.	Humain.	45.
Ile.	Illustrer.	Illustre.	46.
Jambe.	Jaser.	Jaloux.	47.
Jeton.	Jeter.	Jeûne.	48.
Jonc.	Jouer.	Joyeux.	49.

Jupe.	Jurer.	Judicieux.	50.
Lance.	Laver.	Laborieux.	51.
Lettre.	Lever.	Légitime.	52.
Lit.	Lire.	Libre.	53.
Loge.	Loger.	Louable.	54.
Lunette.	Luire.	Lugubre.	55.
Manteau.	Manger.	Malade.	56.
Mèche.	Médire.	Médiocre.	57.
Miroir.	Miner.	Minutieux.	58.
Montre.	Modérer.	Monstrueux.	59.
Muraille.	Munir.	Muet.	60.
Navire.	Nager.	Natal.	61.
Nez.	Négliger.	Nécessaire.	62.
Nid.	Nier.	Niais.	63.
Noix.	Nommer.	Notable.	64.
Nuage.	Nuire.	Nuisible.	65.
Obole.	Obéir.	Oblique.	66.
Oculiste.	Occasionner.	Occulte.	67.
Ode.	Occuper.	Odieux.	68.
Offrande.	Offenser.	Officieux.	69.
Oignon.	Ouvrir.	Ouvrier.	70.
Parasol.	Parler.	Paresseux.	71.
Perruque.	Perdre.	Pernicieux.	72.
Pipe.	Piller.	Pitoyable.	73.
Porte.	Porter.	Positif.	74.
Puits.	Punir.	Public.	75.
Praline.	Pratiquer.	Praticable.	76.
Prête.	Prêter.	Précieux.	77.
Prison.	Prier.	Privilégié.	78.

Promenade. Promettre. Prospère. 79.
Prune. Prouver. Prudent. 80.
Rat. Raconter. Rationnel. 81.
Redingotte. Réciter. Religieux. 82.
Rideau. Rire. Rigoureux. 83.
Robe. Rôtir. Robuste. 84.
Ruban. Ruiner. Rude. 85.
Sanglier. Sacrifier. Savant. 86.
Serpent. Séduire. Séditieux. 87.
Scie. Signifier. Silencieux. 88.
Soleil. Solliciter. Solitaire. 89.
Sucre. Supplier. Superbe. 90.
Table. Tacher. Tardif. 91.
Tête. Tenir. Terrible. 92.
Tigre. Tirer. Timide. 93.
Tombeau. Tomber. Tortueux. 94.
Tuile. Tuer. Tutélaire. 95.
Vache. Vanter. Vaillant. 96.
Verre. Venir. Vénérable. 97.
Violon. Vivre. Vide. 98.
Voiture. Voler. Voluptueux. 99.
Vulcain. Vulgariser. Vulgaire. 100.

Ces mots sont rattachés aux places marquées sur la planche n° III, par le moyen du rapport de contiguïté, en pratiquant les trois procédés indiqués.

RÈGLE GÉNÉRALE.

Tous les substantifs physiques en *ab*, tous les verbes en *ab* et tous les adjectifs et leurs substantifs dérivés en *ab*, exprimeront le nombre 1 ; même règle sur les substantifs, verbes et adjectifs suivans de la même table.

TROISIÈME TABLE.

Assez, aussitôt, etc.	0.	Fièrement.	000000.
Bientôt.	00.	Gaîment.	0000000.
Convenablement.	000.	Habilement.	00000000.
Dorénavant.	0000.	Incognito.	000000000.
Effectivement.	00000.	Justement.	0000000000.

RÈGLE.

Tous les adverbes en	*a*	exprimeront un	0.
Tous ceux en	*b*	idem.	00.
Tous ceux en	*c*	idem.	000.
Tous ceux en	*d*	idem.	0000.
Tous ceux en	*e*	idem.	00000, etc.

On pourrait adopter cette autre règle :

Tous les adverbes d'une syllabe exprimeront un 0.
Tous ceux de deux syllabes........................ 00.
De trois, etc.. 000.

EMPLOI DES TERMES INTERMÉDIAIRES DE LA DEUXIÈME ET TROISIÈME TABLE A UNE SÉRIE DE CHIFFRES.

71 — 67 — 00 — 86 — 71 — 53 — 000 — 11 — 19 — 37 — 50 — 28 — 1.

Mots *traducteurs* : papillon — occasionner — long-temps — savant — parler — lire — fréquemment — capable — choisir — guérison — judicieux — édifice — abandonner.

FORMULES.

L'histoire des *papillons* a *occasionné long-temps* aux *savans* de grandes recherches. Pour en *parler* sciemment, il faut *lire fréquemment* leurs ouvrages. Si vous étiez *capable* de *choisir* pour votre *guérison* un médecin très-*judicieux*, cet *édifice* fût-il plein d'argent, je vous *l'abandonnerais*.

AUTRE.

75 — 000,000,000.

Mots *traducteurs* : punir — incognito.

FORMULE.

Il a été *puni incognito*.

AUTRE.

79 — 00 — 000,000.

Mots traducteurs : *prononcer* — *toujours* — *imperturbablement*.

FORMULE.

Il *prononce* ses sermons *toujours imperturbablement.* Dans cette formule chaque syllabe des deux adverbes exprime un zéro.

EMPLOI DES MOTS DE LA DEUXIÈME TABLE POUR RETENIR L'ANNÉE DES SIÈCLES.

La place des petits tableaux sur nos figures faisant connaître assez facilement le siècle, il suffira de traduire les deux derniers chiffres.

EXEMPLES.

(Les mots *italiques* expriment l'année des siècles. Voir la table.)

Clovis, 1er roi en 481.

FORMULE.

Racontez-nous l'histoire de Clovis.

Pepin-le-Bref, roi en 752.

FORMULE.

L'avénement de Pepin-le-Bref n'est pas *légitime* pour toutes les opinions.

Charlemagne, roi en 768.

FORMULE.

Charlemagne, ami des lettres, n'aurait pas oublié un poète qui lui aurait présenté une *ode* bien faite.

Philippe-Auguste, roi en 1180.

FORMULE.

Philippe-Auguste était un roi *prudent*.

Saint Louis, roi en 1226.

FORMULE.

Saint Louis ne se laissait pas *éblouir* par l'éclat de la royauté.

Louis XII, roi en 1498.

FORMULE.

Louis XII voulait que son peuple *vécût* heureux.

François Ier, roi en 1515.

FORMULE.

François Ier *cultiva* les lettres.

Henri IV, roi en 1589.

FORMULE.

Henri IV fut pour les protestans un *soleil* bienfaisant.

Louis XIV, roi en 1643.

FORMULE.

Louis XIV protégeait les *historiens*, les poètes et tous les gens de lettres.

FAITS.

Fondation de Rome, 753 avant J.-C.

FORMULE.

Romulus jeta les fondemens d'une ville destinée à combattre long-temps pour la défense de sa *liberté*.

Prise de Jérusalem par Nabuchodonosor II, an 606 avant J.-C.

FORMULE.

Nabuchodonosor II prend Jérusalem et traite cette ville en *barbare*.

Fin de la captivité par Cyrus en 536.

FORMULE.

Cyrus *gagne* le cœur des Juifs en leur rendant la liberté.

Rome en république. — 509.

FORMULE.

Tarquin-le-Superbe chausse ses *bottes* et fuit de la ville; car partout on s'écrie : Vive la république !

Combat de Marathon. — 490.

FORMULE.

L'orgueil *superbe* de Darius fut humilié à la bataille de Marathon.

Gouvernement de Périclès. — 449.

FORMULE.

Hommes de génie, soyez *joyeux*, vous vivez sous le règne de Périclès.

Victoire de Lysandre à Egos-Potanos. — 405.

FORMULE.

La victoire de Lysandre à Egos-Potanos fut un événement bien *agréable* aux Lacédémoniens.

Traité d'Antalcidas. — 387.

FORMULE.

Le traité d'Antalcidas put être regardé comme un acte *séditieux* et traître à la patrie.

Mort d'Alexandre. — 324.

FORMULE.

Alexandre *dort* d'un sommeil éternel.

Troisième guerre punique. — 146.

FORMULE.

Scipion-Émilien s'est rendu *illustre* dans la troisième guerre punique.

Bataille navale d'Actium. — 31 avant J.-C.

FORMULE.

La fortune *favorisa* les armes d'Octave dans la bataille d'Actium.

Partage de l'empire par Théodose-le-Grand. — 395.

FORMULE.

Ce partage *tua* l'empire romain.

Chute de l'empire romain sous Romulus-Augustule. — 476.

FORMULE.

Romulus-Augustule *pratiquait*, comme ses prédécesseurs, la dangereuse politique d'incorporer dans ses armées des soldats étrangers.

Prise de Constantinople par Mahomet II. — 1453.

FORMULE.

Constantin II Paléologue, attaqué par Mahomet II, meurt en combattant pour sa *liberté*.

Réunion du royaume de Castille et d'Aragon par le mariage de Ferdinand-le-Catholique et d'Isabelle. — 1479.

FORMULE.

Le royaume d'Espagne était *prospère* sous le règne de Ferdinand V le Catholique.

Colomb découvre l'Amérique. — 1492.

FORMULE.

Colomb, ayant abordé à la Jamaïque, *tint tête* aux insulaires et les soumit.

Édit de Nantes. — 1598.

FORMULE.

Henri IV voulut que les protestans *vécussent* heureux en France.

Paix de Westphalie. — 1648.

FORMULE.

La paix de Westphalie *jeta* de nouvelles bases politiques.

Fuite de Mahomet de la Mecque. — 622.

FORMULE.

Mahomet, sorti de la Mecque, eut bientôt des partisans pour le *défendre*.

Première croisade. — 1095.

Les premiers croisés, suscités par Pierre-l'Ermite, sous le règne de Philippe Ier et d'Alexis Comnène, empereur grec, Urbain II, pape, et guidés par Godefroy-de-Bouillon, *tuèrent* plus d'un musulman.

Deuxième croisade. — 1147.

La deuxième croisade, provoquée par saint Bernard, abbé de Clairvaux, et Eugène III, pape, dirigée par Conrad III, empereur d'Allemagne, et par Louis VII, roi de France, du temps de Manuel Comnène, empereur grec, fut sans heureux résultats malgré l'ardeur *jalouse* des chefs qui la dirigeaient.

Troisième croisade. — 1189.

Sous le pontificat d'Urbain III et le règne d'Isaac l'Ange, empereur, Richard Cœur-de-Lion, roi d'Angleterre, Frédéric-Barberousse, empereur d'Allemagne, Philippe II, Auguste, roi de France, traversant pays peuplés et *solitaires*, arrivent devant Ptolémaïs et la prennent.

Quatrième croisade. — 1204.

Sous le pontificat d'Innocent III et le règne de Philippe II, Auguste, et d'Alexis Comnène, fils d'Isaac l'Ange, Foulques de Neuilly prêche cette croisade, et Baudouin, comte de Flandre, la commande : Constantinople est prise et l'empire des Latins est fondé ; il dure 57 ans. Pendant ce temps, Simon de Montfort attaque les Albigeois, soutenus par Raymond VI, comte de Toulouse, s'empare de Béziers et fait un carnage *affreux*.

Cinquième croisade. — 1248.

Sous le pontificat de Grégoire IX, Eudes de Châteauroux, cardinal, prêche cette croisade, dirigée par saint Louis, qui, par un revers de fortune, est *jeté* entre les mains des Sarrazins.

Sixième croisade. — 1270.

Le pape Urbain IV provoque cette croisade, et saint Louis la dirige ; il passe en Afrique. Les portes de Tunis ne lui étant pas *ouvertes*, il en fait le siége ; mais il meurt au milieu de son entreprise.

Destruction de l'ordre des Templiers. — 1312.

Cette destruction est un événement *célèbre* du règne de Philippe-le-Bel.

Union de Calmar par Marguerite de Valdemar. —

Cette grande et *vénérable* reine réunit les royaumes de Danemarck, de Suède et de Norwége.

Révocation de l'édit de Nantes. — 1685.

FORMULE.

Cette révocation contribua beaucoup à *ruiner* la France.

C'est ainsi que les deux derniers chiffres des dates se traduisent au moyen des mots de notre table, localisés sur la planche III, sur laquelle il faut d'abord se rendre très-familier.

On peut encore faire usage de nos tables pour retenir les numéros d'ordre dans les classifications; par exemple :

Histoire naturelle : bombacées, 97e famille.

Nous avons placé les *bombacées* dans des *verres*.

Verre exprime 97.

Remplaçant le mot *bombacées* par une analogie phonique, on pourrait dire : une *bombe* de *verre*.

Sapindacées, 113e famille.

Les *abeilles* et les *cigales* se plaisent sur les sapindacées.

Abeilles exprime 1, et *cigales* 13.

Remplaçant le mot *sapindacées* par une analogie phonique, on pourrait dire : Les *abeilles* et les *cigales* sur les *sapins* se plaisent *assez*.

Ainsi des autres sur lesquelles on peut construire des formules chacun selon ses idées.

PIÈCES JUSTIFICATIVES.

Extrait du prospectus répandu dans Bordeaux par l'auteur de la méthode.

La méthode a pour résultats, 1° *de graver profondément dans la mémoire les faits et personnages historiques, selon l'ordre chronologique, en groupant les contemporains;* 2° *de les rappeler à volonté et sans effort de mémoire.*

Cette méthode a été mise à l'épreuve dans plusieurs villes de France et se trouve recommandée par les autorités suivantes :

Recteur de l'académie de Toulouse; inspecteur de l'académie d'Orléans; collége de Blois; école normale d'Angoulême; inspecteurs des écoles des départemens de la Charente et des Landes; colléges de Pamiers, de Foix, de Perpignan, de Saint-Girons, de Dax, de Nérac, de Marmande; comités supérieurs de Condom, de Mirande; plusieurs professeurs d'histoire et de rhétorique; séminaires de Polignan, de Tarbes, etc.

(*Voir les pièces authentiques entre les mains du professeur.*)

EXTRAIT DE COMPTES-RENDUS D'EXPÉRIENCES FAITES.

Journal de l'Instruction Primaire de Toulouse, rédigé sous le patronage de M. le recteur.

Nous devons signaler à MM. les instituteurs une découverte bien importante : c'est une nouvelle méthode pour l'étude de l'histoire universelle. Cette invention, due aux recherches de M. Cutxan, vient d'être mise à l'épreuve à Toulouse sur des jeunes enfans des écoles d'enseignement mutuel, qui ont subi un examen devant une assemblée nombreuse *présidée par M. le recteur de l'académie.* Les réponses qu'ont pu donner ces enfans nous ont convaincus de la bonté de la méthode; mais le procédé en lui-même, que le professeur démontre en notre ville, emporte encore tous nos suffrages : il est facile, amusant, et triomphe des plus grandes difficultés, qui consistent à classer les faits et personnages selon l'ordre chronologique, à opérer les synchronismes et à se les rappeler sans aucun effort de mémoire.

Loir-et-Cher (*Blois*).

...... Aucune de ces méthodes n'a réuni encore tous les suffrages. Celle dont on vient de faire l'épreuve au collége de Blois sera-t-elle plus heureuse? nous l'ignorons. Mais en vérité, quand nous considérons les résultats qu'elle a produits dans quelques jours, nous sommes tentés de lui accorder sur les autres une incontestable supériorité.

Jusque-là nous disons tout simplement ce que nous avons vu, et, nous le répétons, ce que nous avons vu est surprenant.

Bordeaux, le 5 mai 1840.

Le recteur de l'Académie, NOUZEILLES.

Comptes-rendus de la séance historique donnée par M. Cutxan, *à Bordeaux.*

Cette séance a eu lieu comme nous l'avions annoncé, et

avait pour objet l'examen de six jeunes élèves instruits en histoire d'après la méthode nouvelle. Le programme des matières historiques sur lesquelles ont roulé les questions, embrassait toute l'étendue de l'histoire ancienne, depuis la création jusqu'au quatrième siècle après J.-C. Voici en résumé les formes des questions qui ont été faites : Dans quel siècle tels faits et tels personnages ? en quelle année? Faites connaître les plus anciens de tels faits, et rangez-les selon leur ordre de succession. Rapportez les faits et personnages de tel siècle parmi les Hébreux? Que se passait-il dans le même siècle parmi les peuples profanes? — Nous devons le dire avec vérité, toutes les réponses ont été précises et imperturbables; pas une erreur n'a été commise. Ce qu'il y a d'étonnant, c'était la grande facilité des élèves à trouver la réponse au milieu de tant d'élémens divers, et à saisir les rapports des temps, même des faits les plus étrangers les uns aux autres. D'après l'ensemble de l'examen, il reste certain que la méthode Cutxan est infaillible pour opérer le classement chronologique des matériaux, pour établir dans la mémoire ce qu'on peut appeler le grand cadre historique. Aussi, tous les assistans à cette épreuve, parmi lesquels on comptait des hommes dont le jugement est une autorité, ont applaudi unanimement à des résultats aussi réels et aussi authentiques obtenus sur de jeunes élèves dans l'espace de six heures. Mais deux obstacles puissans s'opposent à la propagation des méthodes nouvelles : l'indifférence et la prévention qui les font rejeter sans examen. C'est aux hommes de progrès à lutter contre l'esprit stationnaire. (*Courrier de Bordeaux.*)

Méthode Cutxan. — La séance historique donnée d'après cette méthode a eu lieu, comme nous l'avions annoncé, et a remporté les suffrages de tous les assistans; elle a en effet obtenu de brillans succès. Il n'est pas douteux que cette méthode ne soit recherchée par toutes les personnes qui tiennent à connaître l'histoire. (*Indicateur.*)

...... Cet habile professeur a présenté devant le public les résultats vraiment surprenans de sa méthode, qui permet de donner, dans six séances d'une heure chacune, des connaissances suffisantes sur l'histoire, depuis la création jusqu'à l'invasion des barbares au cinquième siècle après J.-C., et la concordance de l'histoire sainte avec les autres histoires.

Les assistans ont eux-mêmes posé les questions aux jeunes enfans sur lesquels on avait fait l'essai de cette ingénieuse méthode, et toujours leurs réponses ont été aussi promptes qu'heureuses....... (*Mémorial Bordelais.*)

Copie de certificats qui résument tous les autres délivrés en faveur de la méthode.

ACADÉMIE DE TOULOUSE.

Le recteur de l'académie de Toulouse certifie que M. Cutxan, auteur d'une méthode pour l'étude de l'histoire, s'est livré à une expérience d'où il est résulté que six enfans ont appris, en une demi-heure, à rapporter à dix siècles différens des événemens d'une importance majeure, et même sont parvenus à établir assez bien les rapports de ces événemens avec d'autres d'une importance secondaire.

Toulouse, le 26 juin 1838.

Le recteur, THUILLIER.

AUTRE.

Je soussigné, V.-A. Malte-Brun, régent d'histoire et de géographie au collége de Pamiers, certifie que M. Cutxan a exposé sa méthode d'histoire aux élèves du collége ; que ces derniers m'ont paru très-satisfaits, et que je me suis convaincu que ladite méthode était excellente pour classer les grandes époques historiques, en y rattachant les faits principaux et leur date ; que de plus elle m'a paru avoir le grand avantage de la simplicité. Je crois donc cette méthode indispensable aux personnes qui ont besoin de mettre en ordre leurs idées historiques.

En foi de quoi. — Ce 10 avril 1838.

V.-A. MALTE-BRUN.

Régent d'histoire et de géographie à Pamiers.

AUTRE.

La connaissance que j'ai prise de la méthode d'histoire de M. Cutxan m'a convaincu des grands avantages qu'on peut en retirer, surtout pour classer les matériaux historiques selon l'ordre chronologique, pour grouper les contemporains et pour se les rappeler sans effort de mémoire, avec clarté et précision.

Pau, le 18 mai 1839.

HONTAN, *professeur d'histoire.*

Je, soussigné, professeur de rhétorique au collége de Condom, académie de Cahors, certifie à qui il appartiendra que cinq leçons d'une heure de la méthode historique de M. Cutxan ont produit en moi les résultats suivans :

Les deux premières leçons ont eu pour objet les 40 siècles de l'histoire sainte ; les trois dernières ont été appliquées aux dix premiers siècles de l'histoire de France.

Les faits historiques, les noms m'étaient connus, mais ils gisaient sans ordre dans mon esprit.

Les leçons de M. Cutxan ont mis l'ordre dans cette confusion, ont classé les faits et les noms propres dans leur position respective; de telle sorte qu'aujourd'hui, sans aucun effort, sans aucune contention d'esprit, je me représente avec une exactitude mathématique tout l'ensemble et les détails essentiels de l'immense période historique que l'auteur de la méthode, d'après mon choix, m'a fait parcourir.

C'est donc le résultat d'une expérience personnelle que je consigne ici, avec une vérité scrupuleuse, comme un faible témoignage de ma gratitude.

Condom, le 19 mars 1838. L. AYMA.

Je, soussigné, principal du collége de Dax, déclare que M. Cutxan a fait avec le plus grand succès l'essai de sa méthode, dans l'établissement que je dirige. En six leçons, il a mis les plus jeunes mêmes d'entre nos élèves en état de répondre imperturbablement et d'une manière précise sur les principales époques et les faits mémorables de l'histoire ancienne. Je regarde son procédé comme un véritable service rendu à l'enseignement, et je prie M. Cutxan de recevoir cette déclaration comme un témoignage de mon estime propre et de ma sincère reconnaissane.

Dax, le 6 juillet 1839.

DESTENAVE, *prêtre principal, du collége.*

SÉANCE DONNÉE A CONDOM.

Résultats de l'examen.

Extrait du procès-verbal de la séance extraordinaire du 9 juin 1835, accompagné de la lettre suivante :

Monsieur,

J'ai l'honneur de vous transmettre extrait du procès-verbal de la séance du 14 juin courant, et copie de la décision qu'a prise le comité d'instruction, en faveur de la méthode pour l'enseignement de l'histoire dont vous êtes l'auteur. Le comité me charge de vous exprimer toute sa satisfaction ; il m'est bien agréable d'être son interprète dans cette circonstance.

Agréez, etc. *Le secrétaire.*

ACADÉMIE DE CAHORS. — DÉPARTEMENT DU GERS. ARRONDISSEMENT DE CONDOM.

Comité supérieur d'instruction primaire.

Extrait de la séance extraordinaire du 9 juin 1835.

Le nombre des questions adressées à ces enfans et qui pouvait s'élever à 3,000 environ, le peu de temps qu'ils ont employé à cette étude, le temps inopportun qu'ils y consacraient, puisque c'était toujours après la classe que le professeur donnait ses leçons, l'âge des élèves peu familiarisés d'ailleurs avec une foule de noms étrangers, leur manière précise de répondre, la classification des diverses races des rois de France, l'époque où existaient les rois étrangers, combinée avec l'histoire de France à laquelle cette méthode fait rapporter leur naissance, la date de leur règne, etc.; toutes ces considérations mûrement pesées et réfléchies ont décidé le comité à donner un avis favorable à la manière d'enseigner l'histoire, conçue par M. Cutxan, sans entrer dans les moyens employés par ce professeur, pour parvenir aux résultats qu'il a obtenus, et dont le comité a su apprécier les avantages.

Condom, les jour, mois et an que dessus. *Signés les membres présens.*

Pour extrait conforme :

Le sous-préfet, président.

Lettre de la part de M. le préfet du Gers.

Condom, 11 juin 1835.

Monsieur,

Je suis chargé de vous informer que M. le préfet désire connaître les effets de votre nouvelle méthode pour l'enseignement de l'histoire. Veuillez donc vous rendre à midi à la sous-préfecture, accompagné de quelques-uns de vos élèves.

Agréez, etc.

Le secrétaire du comité.

(*Extrait de* L'ÉCHO DE LA BAÏSE.)

Plusieurs enfans de l'âge de dix à douze ans ont répondu aux examinateurs avec facilité et précision sur plus d'un millier de questions différentes. Le comité a admiré les heureux effets de la méthode de M Cutxan, et il lui a délivré un témoignage écrit de sa satisfaction. M. le préfet qui se trouvait en ville a également examiné les élèves présentés par M. Cutxan ; il a été enchanté de l'assurance et des réponses historiques de ses jeunes disciples.

Lettre de M. Castets, licencié en droit et directeur d'une des plus belles pensions de Bordeaux, la première qui ait accueilli la méthode.

UNIVERSITÉ DE FRANCE. — ACADÉMIE DE BORDEAUX.

Institut littéraire, industriel et commercial.

Bordeaux, le 22 mai 1840.

Monsieur,

J'ai l'honneur de vous adresser le montant des leçons d'histoire que vous avez données dans mon établissement.

Je vous remercie personnellement et au nom de mes élèves des soins que vous avez apportés à nous faire connaître votre excellente méthode.

Dès aujourd'hui, grâce à vous, nous pourrons étudier utilement l'histoire sans fatigue, et sans consacrer à cette étude un temps précieux que d'autres sciences réclament. C'est déjà vous dire que nous apprécions à sa juste valeur l'invention heureuse, fruit de vos longues réflexions et de votre rare intelligence.

Si vous aviez jamais besoin d'un certificat de moi, vous pourriez compter sur mon empressement à vous le donner, de même qu'à vous être agréable en toute circonstance.

Je vous remercie de nouveau et vous prie d'agréer l'expression sincère des sentimens affectueux avec lesquels j'ai l'honneur d'être, etc.

J. CASTETS, *maître de pension.*

FIN.

BIBLIOTHEQUE ROYALE
I

TABLE DES MATIÈRES.

Planche 1e

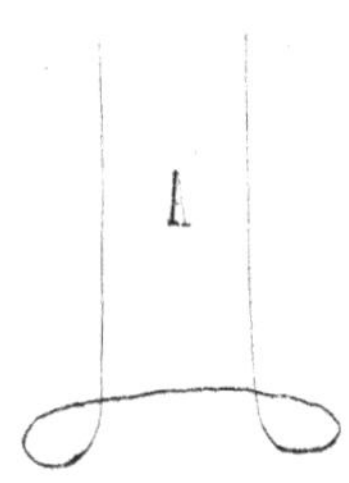

Système de Localisation

pour l'étude de l'histoire ancienne.

Les traits marqués sur les trois figures représentent les Siècles.

Ouest

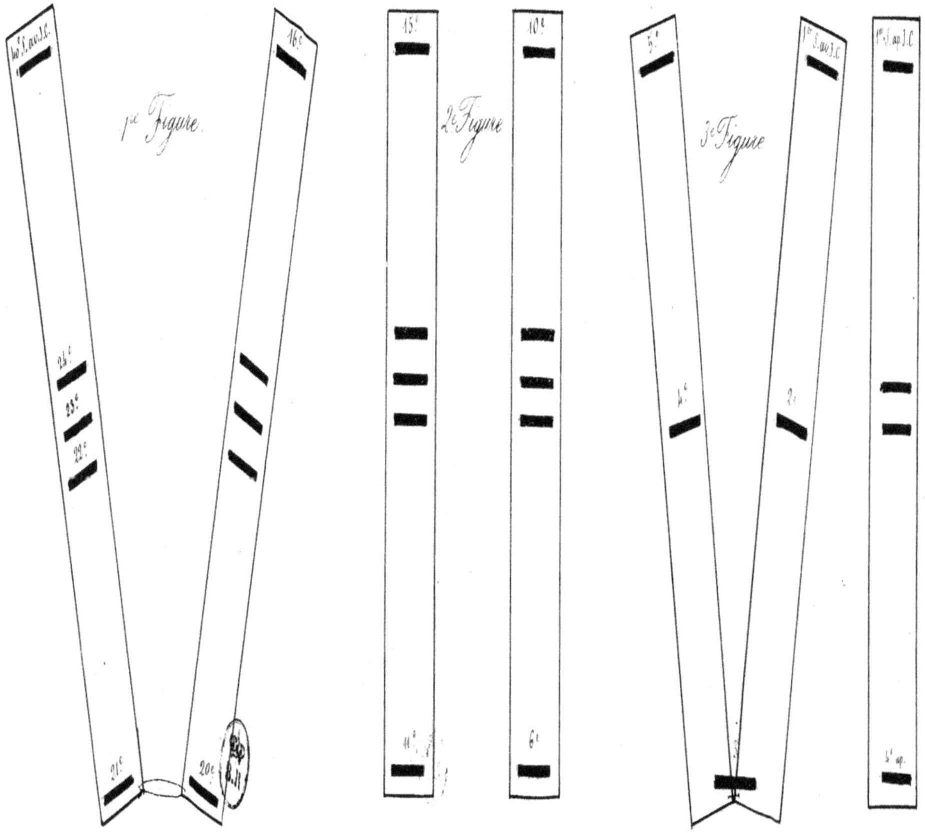

1re Figure

2e Figure

3e Figure

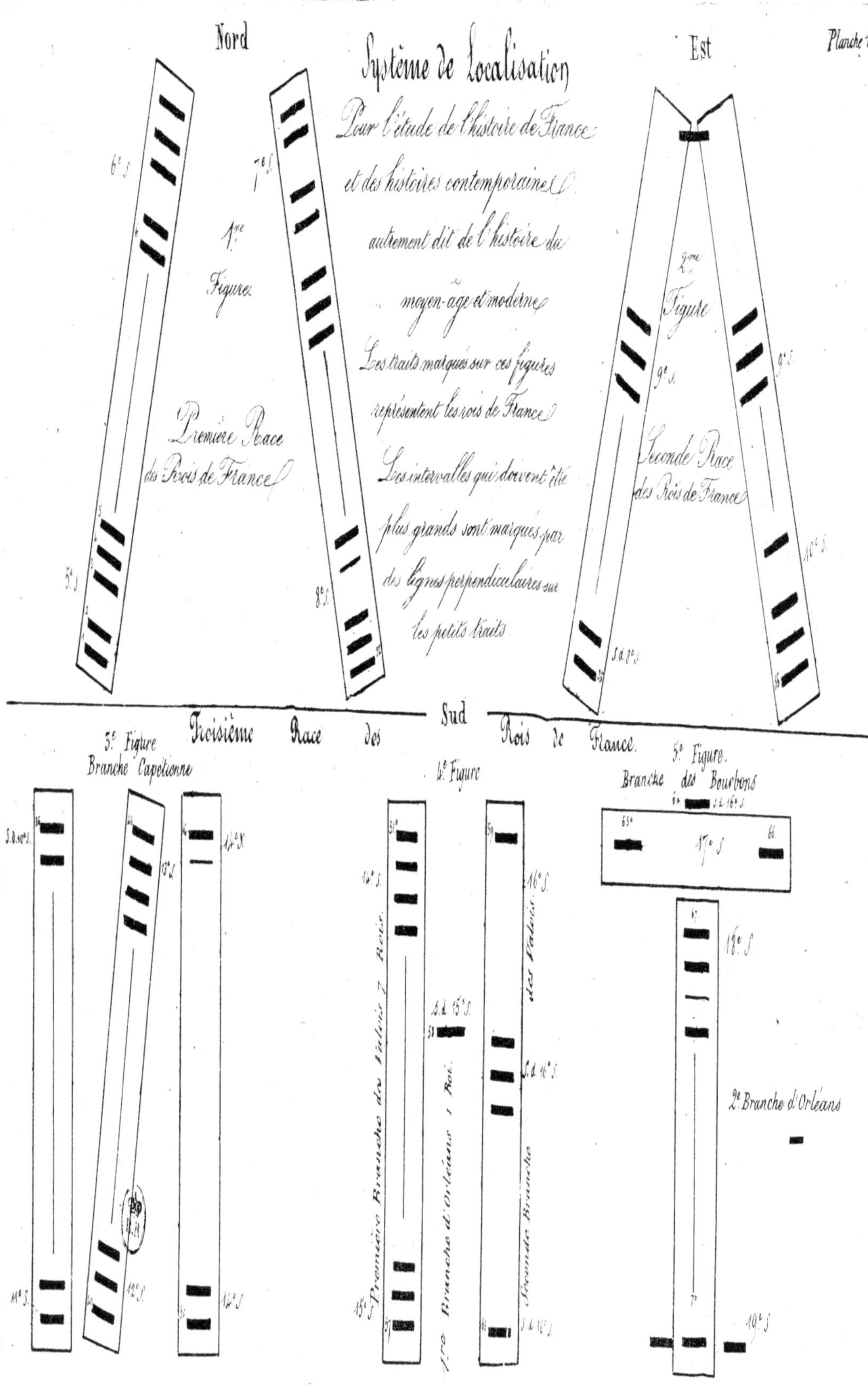
Planche 11
Nord
Est
Sud
Système de Localisation
Pour l'étude de l'histoire de France
et des histoires contemporaines
autrement dit de l'histoire du
moyen-âge et moderne
Les traits marqués sur ces figures
représentent les rois de France
Les intervalles qui doivent être
plus grands sont marqués par
des lignes perpendiculaires sur
les petits traits
1re Figure
Première Race
des Rois de France
2me Figure
Seconde Race
des Rois de France
Troisième Race des Rois de France.
3e Figure
Branche Capetienne
4e Figure
Première Branche des Valois 7 Rois.
1re Branche d'Orléans 1 Roi.
Seconde Branche des Valois
5e Figure.
Branche des Bourbons
2e Branche d'Orléans
6e S.
7e S.
5e S.
8e S.
9e S.
10e S.
11e S.
12e S.
13e S.
14e S.
15e S.
16e S.
17e S.
18e S.
19e S.

Système de localisation.

Pour traduire en mots les 100 premiers numéros ou les 100 Années des Siècles.

Remarquez que les traits horizontaux correspondants à ces nombres sont rangés par deux par trois par deux par trois &c. Et que les mots placés sur ces traits se succèdent selon l'ordre alphabétique; De cette sorte il est bien facile de savoir quel est le nombre qui correspond à tel mot, et Vice Versâ.

Abeille
Academie
3 Adam
4 Affiche
5 Agneau
6 Barque
7 Belier
8 Bibliothèque
9 Botte
10 Burette
11 Campagne
12 Cercle
13 Cimetière
14 Commode
15 Cuve
16 Char
17 Chemin
18 Chien
19 Chocolat
20 Chou

21 Dame
22 Désert
23 Dieu
24 Dogue
25 Duvet
26 Ebéniste
27 Echelle
28 Edifice
29 Effigie
30 Eglise
31 Fagot
32 Fer
33 Figuier
34 Fontaine
35 Fusil
36 Galerie
37 Guêpe
38 Guirlande
39 Gobelet
40 Gouvernail

41 hangard
42 hérisson
43 hibou
44 homme
45 hutte
46 île
47 Jambe
48 Jeton
49 Jonc
50 Jupe

51 Lance
52 Lettre
53 Lit
54 Loge
55 Lunette
56 Manteau
57 Mèche
58 Miroir
59 Montre
60 Muraille
61 Navire
62 Nez
63 Nid
64 Noix
65 Nuage
66 Obole
67 Oculiste
68 Ode
69 Offrande
70 Ognon

71 Parasol
72 Perruque
73 Pipe
74 Porte
75 Puits
76 Praline
77 Prairie
78 Prison
79 Promenade
80 Prunier
81 Rat
82 Redingotte
83 Rideau
84 Robe
85 Ruban
86 Sanglier
87 Serpent
88 Scie
89 Soleil
90 Sucre

91 Table
92 Tête
93 Tibre Fleuve
94 Tombeau
95 Tuile
96 Vache
97 Verre
98 Violon
99 Voiture
100 Vulcain

Système de localisation pour l'étude de l'histoire Naturelle.

Planche IV.

Classification des Plantes d'après Jussieu; localisée d'après notre système.

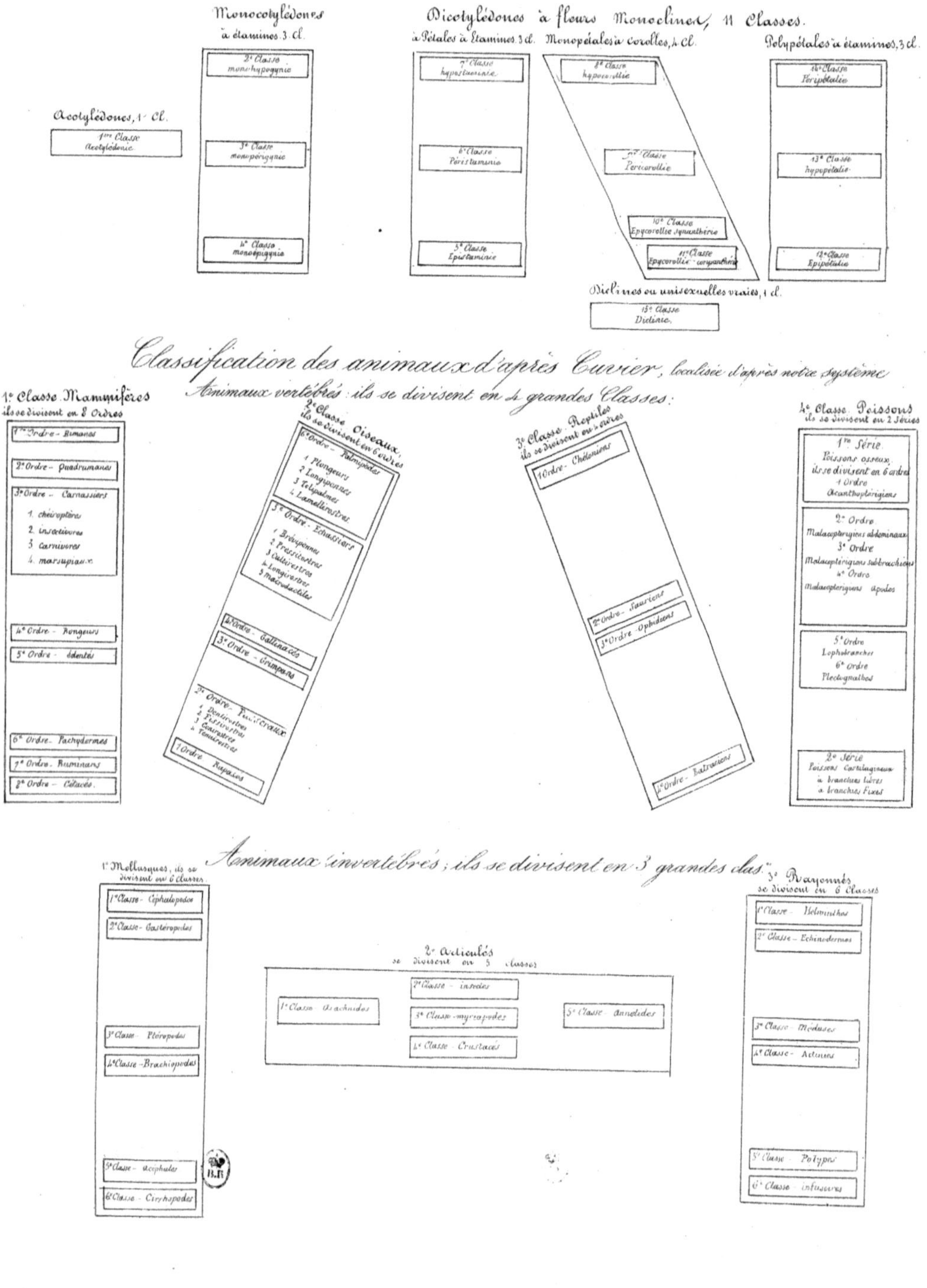

Monocotylédones à étamines. 3 Cl.
2e Classe monohypogynie
3e Classe monopérigynie
4e Classe monoépigynie
Acotylédones, 1re Cl.
1re Classe Acotylédonie
Dicotylédones à fleurs Monoclines, 11 Classes.
à Pétales à Etamines. 3 cl.
7e Classe hypostaminie
6e Classe Péristaminie
5e Classe Epistaminie
Monopétales à corolles, 4 Cl.
8e Classe hypocorollie
9e Classe Péricorollie
10e Classe Epycorollie synanthérie
11e Classe Epycorollie corysanthérie
Polypétales à étamines, 3 cl.
14e Classe Péripétalie
13e Classe hypopétalie
12e Classe Epipétalie
Diclines ou unisexuelles vraies, 1 cl.
15e Classe Diclinie.
Classification des animaux d'après Cuvier, localisée d'après notre système
Animaux vertébrés: ils se divisent en 4 grandes Classes:
1e Classe Mammifères ils se divisent en 8 Ordres
1er Ordre - Bimanes
2e Ordre - Quadrumanes
3e Ordre - Carnassiers
1. chéiroptères
2. insectivores
3. Carnivores
4. marsupiaux
4e Ordre - Rongeurs
5e Ordre - édentés
6e Ordre - Pachydermes
7e Ordre - Ruminans
8e Ordre - Cétacés
2e Classe Oiseaux, ils se divisent en 6 ordres
6e Ordre - Palmipèdes
1 Plongeurs
2 Longipennes
3 Totipalmes
4 Lamellirostres
5e Ordre - Echassiers
1 Brévipennes
2 Pressirostres
3 Cultirostres
4 Longirostres
5 Macrodactyles
4e Ordre - Gallinacés
3e Ordre - Grimpeurs
2e Ordre - Passereaux
1 Dentirostres
2 Fissirostres
3 Conirostres
4 Ténuirostres
1 Ordre - Rapaces
3e Classe Reptiles ils se divisent en 4 ordres
1 Ordre - Chéloniens
2e Ordre - Sauriens
3e Ordre - Ophidiens
4e Ordre - Batraciens
4e Classe Poissons ils se divisent en 2 Séries
1re Série
Poissons osseux ils se divisent en 6 ordres
1 Ordre Acanthoptérigiens
2e Ordre Malacoptérigiens abdominaux
3e Ordre Malacoptérigiens subbrachiens
4e Ordre Malacoptérigiens apodes
5e Ordre Lophobranches
6e Ordre Plectognathes
2e Série
Poissons Cartilagineux à branchies libres à branchies Fixes
Animaux invertébrés; ils se divisent en 3 grandes clas.
1e Mollusques, ils se divisent en 6 Classes
1re Classe - Céphalopodes
2e Classe - Gastéropodes
3e Classe - Ptéropodes
4e Classe - Brachiopodes
5e Classe - acéphales
6e Classe - Cirrhopodes
2e Articulés se divisent en 5 classes
1e Classe - Arachnides
2e Classe - insectes
3e Classe - myriapodes
4e Classe - Crustacés
5e Classe - annelides
3e Rayonnés se divisent en 6 Classes
1e Classe - Helminthes
2e Classe - Echinodermes
3e Classe - Méduses
4e Classe - Actinies
5e Classe - Polypes
6e Classe - infusoires

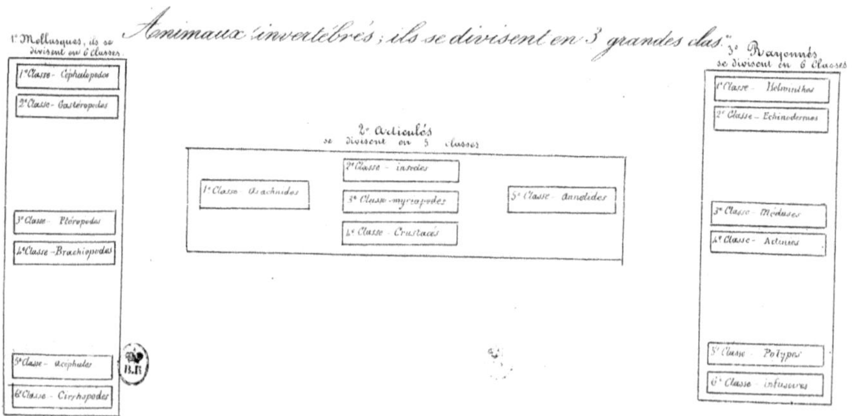

www.ingramcontent.com/pod-product-compliance
Lightning Source LLC
LaVergne TN
LVHW012002220826
846092LV00001B/224

* 9 7 8 2 3 2 9 8 0 7 8 6 7 *